19.00

W0465686

LA DEMOCRACIA AHOGADA

Pío Moa

LA DEMOCRACIA AHOGADA

ENSAYOS SOBRE LA ESPAÑA DE HOY

ÁLTERA

Primera edición: octubre de 2009

Diseño de la cubierta: Synonymes

© Áltera 2005, S. L.
© Pío Moa
© Imagen de la portada: agencias Efe y Cordón Press

ISBN: 978-84-96840-88-1
Depósito legal: B-25.180-2009

ÁLTERA
Trafalgar, 10, 2.º 1.ª
08010 Barcelona
Tel. 934 519 537
Fax 934 517 441
editorial@altera.net

Impreso en España por Novagráfik, S. L.

SI DESEA RECIBIR INFORMACIÓN SOBRE LAS NOVEDADES
DE ÁLTERA, ENVÍE UN CORREO SIN TEXTO A LA DIRECCIÓN:
boletin@altera.net

ÍNDICE

LA DESTRUCCIÓN TOTALITARIA DE LA HISTORIA

OTROS ENSAYOS

LA TRANSICIÓN USURPADA

Los sucesos más próximos al presente son a menudo los más difíciles de historiar, precisamente porque su proceso no está concluido e influyen con fuerza en la actualidad: podemos describirlos, pero sus efectos no han terminado, y es a través de esos efectos como generalmente podemos entenderlos. En cierto modo ocurre como con un tipo de novelas policíacas: el lector ve una sucesión de hechos y tiende a interpretarlos del modo que cree más lógico hasta que, finalmente, el autor le descubre su verdadero sentido, muy distinto del imaginado por aquél. Claro que el efecto proviene en la novela de un artificio, y la historia real no depende de ningún novelista o similar. Sin embargo, los intereses políticos juegan a veces un papel muy parecido. Los políticos e intelectuales no pueden inventar los hechos pasados, pero sí tratar de imprimirles retrospectivamente un sentido acorde con sus intereses, prejuicios y proyectos. Como tantas veces se ha dicho, esto es inevitable, y a veces se deduce de ahí la imposibilidad de una historia objetiva; pero la falsificación de la historia puede demostrarse con frecuencia, bien mediante el examen cuidadoso de los datos, o aplicando simplemente la lógica. Así, la lógica nos impide creer, sin más averiguaciones, que, durante la guerra, un Frente Popular compuesto por partidos totalitarios, golpistas y racistas pudiera haber defendido la democracia. Tal idea es simplemente grotesca... ¡y sin embargo la siguen manteniendo muchos interesados, con la pretensión añadida de oficializarla por ley!

Por otra parte, la visión del pasado condiciona la acción presente, y así, del modo como interpretemos la Transición de hace treinta años depende en buena medida nuestra actitud ante los problemas actuales. De ahí lo que podríamos llamar «lucha por el pasado» entre los diversos partidos, con sus interpretaciones diversas u opuestas, cada una con su particular coherencia. Pero también aquí pueden afirmarse algunas certezas. Como las que exponía Carlos Bustelo, ex ministro de UCD, en *ABC* el 3 de junio del año 2000, en una *tercera* titulada «La transición democrática: una historia tergiversada». El artículo empezaba:

> Las últimas intervenciones del ex presidente González atribuyéndose el mérito de la transición española a la democracia no son nada nuevo; la desvergonzada apropiación de la transición comenzó al día siguiente de su gran victoria electoral de octubre de 1982 y no ha cesado desde entonces. Ello fue posible gracias a la irresponsable autodestrucción de UCD y a la no menos irresponsable actitud pasiva y hasta regocijada de Alianza Popular, donde no se levantó una sola voz para protestar ante tal impostura histórica. Se permitió así que arraigara en la sociedad española la creencia de que había que elegir entre demócratas progresistas y franquistas reaccionarios, lo que, de no haber sido por los graves errores de los gobiernos socialistas, podía haberles mantenido en el poder veinte años más.

Cualquiera con edad y memoria suficiente puede dar fe de los asertos de Bustelo. Un rey designado por Franco impulsó el proceso, lo diseñó un intelectual y político del franquismo, Torcuato Fernández Miranda, lo aprobaron las Cortes franquistas, lo pilotó un alto cargo del partido único del régimen anterior, Adolfo Suárez, le dio sustancia la UCD... No hay la menor duda al respecto, y las pretensiones del PSOE, entonces un pequeño partido sin apenas organización, resultan ridículamente falsas. Bustelo terminaba, con excesivo optimismo: «Es claro que en el PSOE empiezan a darse cuenta de que los felices años ochenta se han ido para siempre y que las elecciones no se podrán ganar al rebufo de un antifranquismo inventado y de una Transición democrática falseada». Ha ocurrido lo opuesto. El PSOE no ha cejado un instante en su lucha por apropiarse la historia; al contrario, la ha incrementado, muy consciente de su poderosa virtud legitimadora, mayor todavía cuando las viejas legitimaciones ideológicas (marxistas) se han desmoronado. De modo que una amplia masa de población sigue persuadida de que la Transición y las libertades se deben, ante todo, al PSOE, a Santiago Carrillo y la izquierda en general. Incluida la ETA, que habría abierto el proceso con el asesinato de Carrero Blanco. Esta falsa convicción, tan extendida, ha sido una clave de la política socialista, de su éxito y de la actual involución política.

Aunque, como digo, quienes vivieron aquellos años pueden dar fe de la falsedad de tales atribuciones, el vasto sector de población entre los dieciocho y los cincuenta años no está en las mismas condiciones, y una propaganda machacona y bien orquestada le influye fuertemente. Y ocurre otro fenómeno más sorprendente: muchos jóvenes o adultos en aquella época llegan a creer lo contrario de lo que vivieron. Cuando hay un cambio político profundo, miles de personas se apresuran a inventarse un currículo de oposición a la situación anterior. No sólo se trata de los políticos, por obvias razones de interés, sino también de gentes sin interés práctico alguno que falsifican los hechos simplemente por identificarse con lo nuevo, con lo que triunfa. ¿Quién no ha conocido a personas ajenas u hostiles al movimiento estudiantil antifranquista —muy minoritario—, y que, años después, «recordaban» cómo participaban en asambleas y corrían delante de los *grises*, por poner un ejemplo típico? Si tantos antifranquistas hubiera habido entonces, el régimen se habría tambaleado ya en los años sesenta. Hasta Manuel Fraga Iribarne, un *niño prodigio* del Régimen, confesaba modestamente, hace poco, haber luchado contra el franquismo «desde dentro».[1]

A esa distorsión de la memoria contribuye una lógica aparente: ¿cómo iba a venir la democracia del franquismo siendo éste una dictadura, y hasta una dictadura horrorosa y brutal, que hasta el final estuvo matando a sus enemigos? Mucho más creíble suena la tesis de que las libertades provinieron de los partidos antifranquistas, demócratas por definición, o al menos por implicación. En este esquema cabe admitir, si acaso, la participación de algunos políticos del régimen anterior, movidos, probablemente, por miedo ante el potente movimiento contra la dictadura, o por el deseo de adaptarse y salvar algunos muebles. Pero el verdadero mérito solo podía corresponder a los enemigos del régimen. Lo explicaba años después la revista teórica socialista *Sistema*: la Transición se hizo «con el concurso, precisamente, del rector reformista proveniente del régimen anterior». Con el concurso. Pero no con el protagonismo, como cae de su peso. Aquí la lógica —cierta lógica—, ganaba la partida frente a los hechos.

Una lógica bien apoyada, a su vez, en la de la Guerra Civil. El franquismo, nadie debiera dudarlo, había destruido a sangre y fuego la libertad republicana, y el movimiento antifranquista se proclamaba heredero de aquellas fuerzas democráticas unidas en el Frente Popular, que hicieron frente heroicamente al fascismo durante tres años. En verdad, esos demócratas habrían demostrado en la Transición una generosidad sin límites y un altísimo sentimiento de civilidad y reconciliación, al aceptar la participación de los herederos de la feroz dictadura. Se sobreentiende, claro, que no solo entraba ahí la generosidad, sino la visión política, ya lo puso de relieve Alfonso Guerra: también pesaba la relación de fuerzas, que impidió por entonces hacer el «proceso político» a Franco y a su régimen. Pero hoy, treinta años después, habría llegado el momento de cumplir esa tarea pen-

1. http://www.minutodigital.com/noticias2/3374.htm

diente y dejar sentada, por fin, la «memoria histórica», obligatoria por ley, a ser posible.

Este falseamiento ha calado en gran parte de los españoles, debido no sólo a la contribución de poderosos medios de masas, sino, más aún, a la inhibición sistemática de casi toda la derecha. Ésta incluso ha condenado o marginado agresivamente a los pocos que, como Ricardo de la Cierva, intentaban poner diques a la marea de distorsiones que hemos presenciado en estos años. El PP prefiere «no mirar atrás», ni a la Guerra Civil ni al pasado reciente. Asegura que tal ejercicio es contraproducente, y propugna, por tanto, «mirar al futuro». Todavía no sabemos qué habrá visto en el futuro, exponiéndose de paso a alguna demanda del honorable gremio de las pitonisas, por intrusismo profesional. Pero al desertar de la «lucha por la historia», por la verdad histórica, la derecha confirmaba indirectamente a los ciudadanos la versión de la izquierda sobre su historial sórdido y terrible, del cual, ¡por algo!, prefiere el PP apartar la mirada. Razón de más para que el PSOE insista en él y lo «clarifique», por pura responsabilidad cívica, pues, ¿qué futuro cabe esperar de partidos y políticos con tan inconfesable pasado?

Al revés que la derecha, el PSOE entendió muy bien, desde el primer momento, el valor de la lucha por el pasado, pues, guste o no al PP, el presente, y por tanto el futuro, están indisolublemente unidos a él, y España es España y nosotros somos lo que somos, hablamos el idioma que hablamos y estamos inmersos en una cultura particular, como producto de sucesos anteriores, incluso remotos. Por eso, una temprana operación de propaganda del PSOE en el poder consistió en una serie documental, de máxima audiencia, sobre la Guerra Civil, bajo el asesoramiento de Manuel Tuñón de Lara y otros de su séquito. Este historiador comunista supo formar una verdadera escuela de intelectuales y profesores que terminó predominando durante muchos años en la universidad y la enseñanza media españolas. Según su versión, la guerra había consistido en un enfrentamiento entre los ricos y los pobres, entre los reaccionarios aferrados a sus privilegios y los demócratas, etcétera. Las derechas actuales, no hacía falta decirlo, procedían del sector fascista o reaccionario, culpable de desatar una represión criminal sobre los progresistas republicanos.

Y de nada valía al PP señalar su nacimiento posterior a la dictadura, pues nadie ignora sus vinculaciones personales, familiares y políticas con el régimen anterior. El PP, le guste o no, continúa la tradición conservadora que en la historia dio lugar al franquismo entre otras cosas. Negarlo es fomentar una confusión llevada últimamente a extremos cómicos. Y sin embargo bastaría señalar que, a excepción del PCE, los líderes de los demás partidos vienen igualmente del franquismo, por familia o actuación; o que, como recordaba Bustelo, su antifranquismo no pasa de invención.

En el terreno así abandonado, el PSOE pudo lograr victorias psicológicas y políticas como la de sus «cien años de honradez», un lema tan perfectamente falso como rentable, no solo por la graciosa autoatribución de la virtud, sino por la negación implícita de ella a la derecha. Si algo distinguía a la derecha, se daba por sentado, era la corrupción, además de la violencia y un ciego afán represivo, apenas dominado hoy, gracias al Estado de Derecho, pero con tendencia a resurgir a cada paso. En contraste con la integridad moral a toda prueba de los socialistas, defensores naturales de los trabajadores y los desheredados del injusto sistema capitalista.

Estas versiones retroceden hoy a grandes pasos, como revela, entre otras cosas, la exasperación con que reaccionan sus mantenedores y beneficiarios frente a versiones más racionales, veraces y cada vez más divulgadas. Pero debe reconocerse que han cuajado en muy amplias capas de la población y no son fáciles de erradicar.

Lo mismo que de la democracia en la Guerra Civil, la izquierda fue apropiándose de la Transición basándose en su pretendido antifranquismo, una cosa llevaba a la otra. Fue un proceso lento, al principio. Al morir Franco la mayoría de los españoles no valoraba la oposición antifranquista como factor de legitimación política, y por ello ganó UCD las elecciones; al propio PSOE nadie lo relacionaba en serio con el movimiento contra la dictadura, y sus radicalismos verbales eran considerados más bien como retórica oportunista o estridencias pasajeras debidas a la inexperiencia de sus líderes. Todo el mundo sabía, porque estaba absolutamente reciente, que la única oposición significativa al régimen había sido la de los comunistas y, ya a partir de 1968, es decir, muy a última hora, la de los terroristas, en especial la ETA. En las cárceles prácticamente no había demócratas; y no demasiados, tampoco, fuera de ellas, como demostró, ya en 1976, el episodio Solzhenitsin. Lo he comentado en *Franco para antifranquistas*: la denuncia de la tiranía soviética por el gran escritor desató en la España predemocrática un alud de injurias contra él, contra uno de los grandes testigos y acusadores del totalitarismo del siglo XX. La oposición emergente, incluida la moderada y ajena al comunismo, respetaba demasiado al sistema soviético, por no decir que simpatizaba con él, para tolerar semejante ultraje de un *reaccionario* como el premio Nobel ruso. Hubo hasta recomendaciones de hacer más riguroso el Gulag por parte de Juan Benet, un escritor no comunista aunque, desde luego, muy *progresista*.

La apropiación indebida de la Transición ha tenido formulaciones pintorescas, como la de Alfonso Guerra cuando, en visita a Moscú, dejó pasmados a sus huéspedes al mostrarles el secreto del cambio político español: ¡el bikini! Idea grandiosa jaleada y ampliada por Luis Carandell en el diario *El Sol*: «la explosión laica de los cuerpos en las playas», la minifalda, *El último tango en París,* los curas obreros, las antiguas congregantes de María recicladas, un «famoso *strip tease* barcelonés», y así sucesivamente (y, es cierto, la oposición de numerosas personas en los últimos años del régimen consistió en viajar a Perpiñán o a Bayona a ver películas pornográficas, para negocio de los indígenas). Con lo cual quedaban claras dos cosas: el escaso papel de la oposición política y su nivel intelectual, no menos precario, como, por lo demás, nunca se han cansado de demostrar. Esta palabrería ha sido, precisamente, uno de los déficit más dañinos de la

Transición, porque si el falseamiento del pasado envenena el presente, su trivialización desmoraliza a los ciudadanos.

En el falseamiento y trivialización ha destacado la cadena de medios PRISA, sobre todo *El País*, convertido pronto en el diario más influyente de la nación y el más conocido fuera de España, al punto de que sus directivos otorgaban o denegaban credenciales de demócrata y pudieron creer que hacían o deshacían políticos, ministros y hasta gobiernos, con sus editoriales. El caso de este periódico y, en particular, de su director entonces e inspirador siempre, Juan Luis Cebrián, tiene el mayor interés político. Como es sabido, Cebrián proviene de una destacada familia falangista y medró gracias a ello en la prensa del Movimiento, en concreto en el diario *Pueblo*, órgano de los Sindicatos Verticales. Con Arias Navarro como presidente del Gobierno llegó a director de informativos de la televisión única. Hasta aquí todo concuerda con el hecho de que la transición fuera diseñada y organizada por el sector hegemónico del franquismo, y el propio diario *El País* respondiera a una iniciativa de Fraga. Lo llamativo es la evolución del periódico y su director hacia un antifranquismo tan visceral como ya innecesario, adoptando las versiones izquierdistas sobre la república, la guerra ¡y la propia transición!, sin excluir una simpatía soterrada hacia la ETA... En fin, un tema apasionante, como iremos comprobando.

I. LA ÉPOCA

ANTIFRANQUISMO Y DEMOCRACIA

La tergiversación de la Transición, y con ella de la democracia, parte del aserto de que antifranquismo y democratismo son términos equivalentes. En apariencia así debiera ser, puesto que el franquismo fue una dictadura, pero el observador cuidadoso percibe inmediatamente algunas incongruencias. Por ejemplo, en el libro de Antón Saavedra *El secuestro del socialismo,* leemos sobre el PSOE de mediados de los años setenta:

> La justificación de los dineros que fluían a raudales desde Alemania se basaba, según el portavoz del SPD alemán, Bruno Fruedelrich, en declaraciones realizadas a los medios de comunicación, en febrero de 1976, en que: «Son muchos los socialistas españoles que han sido apresados o encarcelados, y hay que pagar a los abogados o mantener a familias que se han visto privadas de su cabeza». Cuando el PSOE sea legal en España, se podrá convertir en un partido económicamente independiente. Ni que decir tiene que en los últimos años del franquismo no fue procesado un solo dirigente socialista en España [...]. No existía represión generalizada contra los socialistas españoles, y si la hubo fue muy puntual y episódica, nunca de la manera sistemática y continuada como la que recibieron algunos comunistas. Por consiguiente no había familias a las que ayudar [...]. Pero el dinero existía, y no sólo de

> dinero alemán vive el PSOE. Dinero mexicano, venezolano, judío, británico, sueco, austríaco y (no podía faltar) dinero de la CIA norteamericana a través de sus brazos sindicales de la AFL-CIO [...]. Pero la consigna era «sólo para las familias de los detenidos».

El libro de Saavedra contiene algunos pintoresquismos, pero está escrito por alguien que conoce bien los entresijos del Partido Socialista. No había prácticamente, pues, socialistas en las cárceles de Franco, suponiendo de momento que aquel PSOE inspirado por el marxismo fuera democrático. ¿Había otros demócratas en las mazmorras de la dictadura? Podemos hacernos una idea por el libro del magistrado Juan José del Águila, prologado por Peces Barba, sobre el Tribunal de Orden Público (TOP) del régimen franquista. Del Águila calcula en unas nueve mil las condenas producidas por el TOP en sus trece años de existencia, en las cuales impuso 10.146 años de prisión a 11.261 procesados, lo que supone menos de un año por persona. Puesto que las penas inferiores a un año no se cumplen en prisión, está claro que una gran mayoría de los procesados no cumplió condena, aparte de que las penas superiores tampoco se cumplían íntegras, ni mucho menos. Incluso en los años cuarenta la inmensa mayoría de las sentencias a prisión perpetua no duraban más de seis años. Estos datos no desmienten la represión de la dictadura, ni la oleada de penas de muerte en sus primeros años, pero conviene tenerlos en cuenta al atender a la marea de emocionalidad con que la «*desmemoria* histórica» rodea estos sucesos, mientras pretende olvidar otros más graves del Frente Popular, de las izquierdas entre ellas mismas, y de los regímenes con que los desmemoriados han simpatizado siempre.

No obstante, la cuestión que aquí interesa es la cualitativa. El señor Del Águila titula su libro *La represión de la libertad,* dando a entender que las víctimas del TOP eran demócratas. Para ello oculta o vela cuidadosamente que la inmensa mayoría de los condenados en los años sesenta eran comunistas y, a partir de 1969, terroristas, sobre todo de la ETA, que casi siempre se proclamaban también comunistas. Advirtiendo que el propio señor Del Águila es comunista, su historia se entiende mejor. ¿Podemos considerar demócratas a los militantes de estos grupos? Según un mito muy difundido, ellos no querían otra cosa que abrir paso a las libertades, particularmente en la etapa final del franquismo. Entender la cuestión requiere un repaso de la historia y de la doctrina. Como es sabido, desde finales de la guerra mundial el PCE intentó organizar en España una lucha de guerrillas (el *maquis*) a fin de resucitar la Guerra Civil, esperando resultar esta vez vencedores. El PCE intentaba arrastrar a otros partidos para dar un aire democrático a la intentona, pero encontró el vacío, porque estaba muy fresco todavía el recuerdo de los métodos y el lenguaje estalinistas, así como de la Guerra Civil entre las propias izquierdas.

Sin importar la contradicción, quienes presentan al maquis como una lucha por la libertad afirman también que su fracaso indujo a los comunistas a rectificar en un sentido democrático (¿aún más?). De ese modo se habría producido una evolución hasta la adopción del *eurocomunismo*. Por lo tanto no debería entenderse al PCE como un partido estalinista, sino básicamente defensor de las libertades.

Me temo, sin embargo, que se trata de una mala interpretación, por decirlo de forma suave. Quienes sostienen esa tesis, es decir, los patrocinadores de la desmemoria organizada, son también los sostenedores del fraude radical y evidente de que la democracia durante la Guerra Civil estuvo representada por el Frente Popular, hegemonizado por un PCE inequívocamente estalinista. Por lo tanto los comunistas habrían sido los grandes luchadores por la libertad en España, de forma ininterrumpida con Stalin y después de Stalin. Da igual su pistolerismo inicial, o su frontal ataque a la República apenas instaurada como democracia liberal, o su participación en la insurrección guerracivilista del 34, que siempre reivindicaron como una gloria, o sus intentos, apenas pasadas las anómalas elecciones del Frente Popular, de liquidar la democracia mediante la disolución de todos los partidos de derecha («fascistas», en su lengua de palo), o su actuación durante la guerra como agentes directos y orgullosos de Moscú que, entre otras cosas, masacraron a otros izquierdistas (POUM y anarquistas sobre todo), o su empeño en prolongar una guerra perdida para enlazarla con la mundial, multiplicando así las víctimas y los daños, o su designio de resucitar la Guerra Civil después de la mundial, o su carácter permanente de propagandistas y defensores del imperio del Gulag... Al parecer, ¡todo lo hacían por la libertad!

Entre los difusores de tales sinsentidos se han encontrado siempre los militantes del marxismo-leninismo —la escuela de Tuñón de Lara en historiografía—; y también muchos historiadores, intelectuales y políticos ajenos a la doctrina, pero ignorantes de ella y sugestionados por los elaborados sofismas de la propaganda marxista leninista. Este último hecho ya ocurrió con gran amplitud cuando Stalin cambió la línea general orientándola a los frentes populares. Como escribía Jan Valtin en su autobiografía *La noche quedó atrás*:[2]

> Ahora la consigna era *democracia contra fascismo*. En apariencia la Comintern se había hecho respetable en el sentido liberal; tan decente que una amplia capa de intelectuales, escritores, artistas, profesores y mujeres adineradas manifestaban sin problemas su simpatía por la Internacional Comunista y la Unión Soviética como símbolos de verdadera libertad. Llegó a ponerse de moda participar en empresas comunistas.

La última pirueta en tal sentido fue el «eurocomunismo» patrocinado por el italiano Berlinguer y el francés Marchais, y adoptado por Carrillo ya en plena Transición. La aparente novedad del eurocomunismo consistía en aceptar el pluralismo político para los países europeos, más alguna crítica superficial al modelo soviético. En realidad no había casi nada de ello, y en la medida en que lo hubo, acarreó la descomposición de esos partidos, como las reformas de

2. He publicado una reseña de este libro, que me impresionó cuando lo leí, en *LibertadDigital*. http://findesemana.libertaddigital.com/la-noche-quedo-atras-1276234373.html

Gorbachov acarrearían la de la propia URSS. El PCE siguió siendo marxista-leninista —doctrina elaborada por Stalin— hasta el final del franquismo. Y continuó manteniendo su marxismo, perfectamente antidemocrático. Su desvinculación de la URSS fue en gran parte aparente, y no significó una condena de la experiencia soviética, que continuó como alfa y omega moral e ideológica del partido. Carrillo mantuvo hasta el final una estrecha amistad con los dictadores tan siniestros como los de Rumanía, Corea del Norte o Alemania oriental. El propio nombre «eurocomunismo» describe bien la realidad: en gran parte del mundo las matanzas, las represiones masivas, los campos de concentración, la ausencia total de libertades, estaban perfectamente justificadas, pero se daba la desdichada circunstancia de que en Europa había que adaptarse en alguna medida, tácticamente, a los sistemas democráticos para conquistar el poder. Y siempre con el objetivo fundamental, constitutivo de los partidos comunistas, de subvertir el sistema por una vía u otra. Y una de esas vías, por cierto, siempre fue la falsificación sistemática del pasado. Ya examinaremos el comportamiento del PCE durante la Transición, tácticamente moderada sin que ello lo convirtiese, ni de lejos, en partido de libertades, como se pretende.

El PCE, desde luego, fue y es mucho más antidemocrático que el franquismo. Pero también fue el único partido que se opuso a Franco. Arrostrando mil riesgos y sacrificios, eso también es cierto: el único que luchó desde el principio hasta el final, desde 1939 hasta 1976, al revés que los demás componentes del Frente Popular. Y cuando, en las dos amnistías de la Transición, salieron a la calle los presos políticos (entre trescientos y cuatrocientos para un país de treinta y seis millones de habitantes), en su gran mayoría eran comunistas o miembros de grupos terroristas, o ambas cosas. Nadie con una mínima honestidad intelectual o conocimiento de causa puede considerarlos demócratas. Con toda evidencia, ninguna ideología del siglo XX ha sido más liberticida (y genocida, en competencia con la nacionalsocialista) que la de Marx y Lenin.

¿Significa ello que no hubo oposición democrática al régimen? Por sorprendente que suene el aserto, apenas la hubo, y en la pequeña medida en que existió, fue tratada con notable moderación por la dictadura, pues pocas veces mereció de ésta el honor de hacerla encarcelar: algunos chispazos ocasionales aquí y allá, el más notorio el congreso de Munich, de 1962, integrado por 118 delegados de grupos monárquicos, democristianos, socialistas, separatistas vascos y nacionalistas catalanes, muchos de ellos procedentes del régimen, que exigieron la democratización de España según las normas del Mercado Común. El congreso se celebró bajo la doble y errónea impresión de que el régimen estaba próximo a su fin y de que los comunistas —marginados de la reunión— estaban ganando mucho terreno y era preciso tomarles la delantera (se les atribuían las recientes huelgas de la minería asturiana). Sin embargo los de Munich carecían de representatividad, influencia o prestigio en el país, mientras que los comunistas sí habían ganado, con enorme esfuerzo y sacrificio, alguna incidencia popular, aunque pequeña. De los personajes reunidos en la capital bávara, los más destacados fueron Gil-Robles y Salvador de Madariaga, ambos ya figuras del pasado, sin proyección política en España. En realidad, el congreso habría pasado sin mayor eco si el propio régimen, irritado por la oposición de los congresistas a sus gestiones respecto al ingreso en el Mercado Común, no hubiera magnificado el «contubernio de Munich» al desatar contra él una gran campaña de propaganda y confinar en las Canarias a algunos de los asistentes. Por indicación de José María Pemán y del marqués de Valdeiglesias, que querían evitar perjuicios para la causa monárquica, don Juan declaró no tener nada que ver con el congreso, aunque en él habían participado varios de sus consejeros, como José María Gil-Robles y Joaquín Satrústegui. A éste le dijo el socialista Rodolfo Llopis que transmitiera al conde de Barcelona que «el PSOE tiene un compromiso con la República que mantendrá hasta el final. Ahora bien, si la Corona logra establecer pacíficamente una verdadera democracia, a partir de este momento el PSOE respaldará lealmente a la Monarquía».

Y no cabe conceder un crédito excesivo al democratismo de los partidarios de don Juan. Se trató de una oposición en todo caso muy tenue y minoritaria dentro de los propios monárquicos, los cuales en su mayoría permanecieron siempre en el ámbito del franquismo. El puntal del antifranquismo juanista durante largos años, el catedrático Pedro Sainz Rodríguez, fue un conspirador nato que había procurado sin tregua derribar la República mediante un golpe militar, mientras abogaba por la «democracia orgánica» bajo un trono autoritario; su identificación con los sublevados le llevó a ser ministro de Educación en el primer Gobierno de Franco. Tras la Guerra Civil había vuelto a conspirar, ahora contra Franco, pero sin abandonar la pretensión de establecer un régimen autoritario, y convencido de que la victoria de los Aliados en la guerra mundial traería necesariamente la caída del régimen. La política de aquellos juanistas rondaba por entonces la traición al país, si no caía de lleno en ella, y sus posibilidades se esfumaron cuando Franco, que había previsto la ruptura de la alianza entre las democracias y Stalin, se mantuvo en el poder contra todo pronóstico. Don Juan dio algunos pasos apresurados y su alternativa se esfumó. Andando el tiempo, la restauración o reinstauración monárquica se produciría, por voluntad del dictador, en la persona de Juan Carlos.

También una parte de la Iglesia propició, tras el Concilio Vaticano II, acciones contrarias a la dictadura, pero lo hizo dentro de una considerable confusión. Muchos de esos sectores religiosos, influidos por la Teología de la liberación e ideologías similares, eran a su vez muy dudosamente democráticos, y entre sus actividades se contó un activo respaldo práctico al terrorismo y a los grupos comunistas. No hay duda de que la ETA, por ejemplo, debe mucho a esos apoyos, y asimismo organizaciones dirigidas por el PCE, como Comisiones Obreras. Aunque luego los beneficiados hayan despreciado u olvidado aquellos favores eclesiásticos.

Otros grupos no comunistas y más o menos democráticos mostraron alguna oposición, ya muy al final del régimen, pero lo hicieron generalmente dentro de organismos dirigidos por los comunistas.

El más exitoso y modélico de ellos, la Asamblea de Cataluña, nació en época tan tardía como finales de 1971, y agrupaba a un conglomerado de grupos, desde cristianos de izquierdas a terroristas o pro terroristas, separatistas abiertos y menos abiertos, personajes con ambiciones políticas, etcétera. Pero el núcleo y eje de la Asamblea era el PSUC, precisamente la sección más estalinista del PCE, la más reacia a abandonar el marxismo-leninismo.

Un rasgo importante de casi toda aquella oposición consistió en su simpatía por la ETA, actitud que había de tener muy largas y amplias proyecciones en la democracia, hasta hoy mismo. Por lo común, la oposición retrataba al franquismo como una dictadura totalitaria asesina, horripilante y absolutamente injusta. La consecuencia natural sería luchar contra ella por todos los medios, y de ahí la admiración suscitada por los terroristas cuando empezaron a asesinar, en 1968 (aparte de un bebé destrozado por una bomba unos años antes). Me permitiré citar de mi libro *Una historia chocante. Los nacionalismos vasco y catalán en la España contemporánea*:

> El verdadero nacimiento de la ETA como fuerza importante en España data de aquel período de 1968 a 1970, y está ligado a tres asesinatos, los cuales no le impidieron recibir todas las bendiciones posibles. La rodearon de afecto y comprensión, aun si con reticencias de escaso relieve práctico, los comunistas, los demás nacionalistas vascos, catalanes y gallegos, parte considerable del clero vasco y otra menor, pero notable, del resto de España. El conjunto de la oposición, en suma. Y, no menos decisivo, diversos gobiernos europeos, en especial el francés. Francia iba a convertirse por muchos años en el refugio y santuario de la ETA, el lugar seguro donde la organización planeaba sus atentados y adonde podía retirarse oportunamente, garantizándose un alto margen de impunidad. A la oposición española le pareció bien, creyendo que esa política de París duraría lo que el régimen franquista. Volvía a equivocarse.

Tal fue la oposición a la dictadura, cuya verdadera historia está tan por escribir.

CENIZAS DEL 68

El recital de Raimon en la Complutense

RECUERDO que había inquietud de que a última hora prohibieran el recital de Raimon. Muchos daban por sentado que así sería, pues su carácter político y contra el régimen estaba clarísimo (corrían rumores entre los enterados de que Raimon cedería la recaudación para Comisiones Obreras). Y París —entonces una referencia incomparablemente más próxima que ahora a España— daba saltos de fiebre revolucionaria. También la Universidad Complutense se había agitado casi sin interrupción desde el otoño del 67. Además estaba muy reciente un 30 de abril y primero de mayo bastante movidos. Finalmente, el recital iba a celebrarse en la facultad más politizada: la de Políticas y Económicas, la actual Filosofía B, al lado de la autopista de La Coruña.

De modo que ¿cómo iban a permitirlo? Sin embargo la autorización oficial se mantuvo. Y así, aquella tarde de 18 de mayo fue aglomerándose en la facultad un gentío pocas veces visto en un acto antifranquista. Quizá tres o cuatro mil personas. No sólo estudiantes: por la calle que baja a la facultad venía una comitiva con una pancarta de acera a acera: «Los obreros estamos con los estudiantes contra la dictadura» o algo similar. Firmaba Comisiones Obreras, o Comisiones Juveniles.

La policía no daba señales de vida, ni siquiera para controlar. Conforme se acercaba la hora menudeaban los grupos, las pancartas, banderas rojas, retratos de Che Guevara, alguno de Ho Chi-min. Guevara, uno de los grandes ídolos del momento en todo el mundo, hoy casi olvidado por la juventud, según encuestas recientes.

Asistía seguramente la casi totalidad de los estudiantes radicales, revolucionarios, organizados, izquierdistas, y también otros muchos, harto más tibios frente a la dictadura o a «las injusticias sociales» y que venían simplemente a oír el recital. La mayoría de los rojos, que también llamaremos radicales, aunque entonces no se usaba esa palabra, eran comunistas, sobre todo de la fracción «carrillista», o sea, «revisionista» o «revi». A cierta distancia en cuanto a fuerza numérica venían los maoístas, divididos en numerosos grupos, convencidos de ser los genuinos representantes del marxismo-leninismo (o del marxismoleninismopensamiento Mao Tsetung, como se especificaba con extraña sintaxis); un FELIPE marxista harto diferente del fundado por Julio Cerón años antes; muy pocos trotskistas; todavía menos anarquistas. Socialistas, puede que alguno, de las escuálidas juventudes del grupo de Tierno Galván.

Por fin llegó Raimon, y el ambiente en aquel gran vestíbulo se caldeó hasta lo indecible. No me acuerdo bien, pero creo que empezó con *Al vent,* canción bastante inspirada aunque suave para el revolucionarismo general, que tantas cosas había superado: ¡aquello de «buscant a Déu» o incluso «buscant la pau»! Pero, en fin, no venía al caso protestar entonces por esas desviaciones pequeñoburguesas. Cantó *La nit,* interpretada como una referencia al franquismo, aunque el autor ha declarado, me parece, que no tenía esa intención; *Diguem no,* y *D'un temps, d'un país,* más directamente políticas. Raimon anunció que dedicaba una canción a Che Guevara, aquella, creo, donde afirmaba que «a veces la paz no es más que miedo». Eso gustó mucho a los asistentes, poco creyentes en el pacifismo. Otra, *Tots el colors del verd,* era dedicada al País Vasco, apoyando en realidad a la ETA, que ya empezaba a hacerse conocida.

Y así otras. Los gritos del público acompañaban, coreaban o interrumpían al cantante. No los recuerdo ya con precisión, pero serían los habituales: «Obreros y estudiantes, contra la dictadura», «Franco asesino», «La solución, la revolución», «Democracia sí, dictadura no», «Franco no, socialismo sí»; se cantaría el *No nos moverán,* canción sindicalista useña con ritmo africano perdido en la versión española; o lo de «Y si a Franco no le gusta la bandera tricolor, le impondremos una roja con el martillo y la hoz».

Fuimos al recital unos cuantos de la Escuela Oficial de Periodismo, que funcionaba en el edificio del actual Ministerio de Defensa, entonces de Información y Turismo. Estaba Marisol Álvarez Coto, que luego haría una buena carrera profesional en *El País*, del que fue corresponsal en Usa, me parece. Ocho años más tarde, con ocasión del secuestro de Oriol, juraría haber reconocido su voz cuando llamé a aquel periódico para informar de las condiciones del GRAPO. Marisol grabó el recital, y lo escuchábamos tiempo después y nos ponía los pelos de punta, con tanta furia y brío se cantaba y voceaba. Daba la sensación de que aquello desembocaría en algo muy serio. Marisol no era radical, sino más bien del grupo de los «progresistas» o «progres», como les llamaban los marxistas con condescendencia.

También vino Publio López Mondéjar, gran aficionado a la poesía y quién sabe si hasta poeta a escondidas. Corriendo el tiempo se dedicó a publicar interesantes libros de fotos antiguas, y dirigió *Carta de España,* revista oficial para los emigrantes. Para ella me compró, ya veinte años después del acto de Económicas, unas fotos de la *Vía de la Plata,*[3] que yo recorría a pie cuando podía, es decir, cuando podía pagarme el viaje con ventas como ésta. Publio era sumamente radical, con una labia mordaz que ocultaba mal un sentimentalismo de fondo. Cierto miedo físico también solía paralizarlo, así como una

3. Libro editado con el titulo *Viaje por la Vía de la Plata* por LibrosLibres, Madrid, 2009.

íntima desconfianza hacia los partidos revolucionarios y sus efectos, aunque él se mostrara tan conforme con sus presupuestos teóricos.

También vendría, si no me confunde la memoria, José Catalán Deus, a quien muchos años después encontré en un alto cargo del periódico, de corta vida, *El Independiente.* Entre medias había militado en el PCE (ml), partido comunista proalbanés, partidario de la lucha armada y padre del FRAP. Catalán vivió un tiempo en Albania, dirigiendo, me parece, las emisiones de Radio Tirana en español, que, rememoradas ahora, tienen un aire cómico de verdad, como casi todo lo que creíamos entonces.

Puede que asistiera con nosotros Manuel Blanco Chivite, un curso superior al nuestro, porque éramos todos amigos. A Blanco lo condenaron a muerte con los últimos fusilados del franquismo, siete años después del recital, por su vinculación con el FRAP, pero fue indultado a última hora. Hombre inteligente y con sentido del humor, hace poco volví a coincidir con él en relación con un proyecto editorial, llamado «La luna negra», que se dedicará a la novela ídem, en serio y en parodia, y que dirigirá, creo, Juan Ignacio Ferreras. Dirige la editorial VOSA, es decir, Vanguardia Obrera, Sociedad Anónima, título realmente logrado.

Sorprende que se concentrara un grupo tan comprometido —aunque entonces todos íbamos por libre, de «francotiradores» como se decía— en una escuela de periodismo en la que sólo iban a clase unos ciento cincuenta o doscientos estudiantes. Pero éramos una chirriante excepción. El ambiente en el centro, como en todos los demás, se parecía mucho al actual, ya lo veremos más por extenso.

Cantó, pues, Raimon, en el gran vestíbulo de Económicas, rebosante de un público enfervorizado. Terminó el recital y muchos estábamos medio afónicos, y los ánimos, enardecidos. La policía seguía ausente, y de manera espontánea la gente fue congregándose en manifestación.

Y allí se constató la primera deserción, la primera decepción y la realidad de la situación. ¿Cuántos se manifestaban, invadiendo la calzada? Unos mil, no más de un tercio de los asistentes. Los demás ahuecaban el ala o se esparcían por las aceras y descampados que subían hacia Filosofía (hoy Filosofía A), menos vallados que en la actualidad: se disponían, con la mayor desvergüenza, a contemplar las esperables cargas de la policía, a prudente distancia, ¡y sin pagar un duro por el espectáculo! Los de la calzada empezamos a abuchearles: «¡Mirones no! ¡Mirones no!», pero los aludidos, como si nada.

Éramos de todas formas una multitud, si la comparamos con las manifestaciones habituales, y la marcha prosiguió entre lemas y cánticos, a menudo chabacanos, propios de tales ocasiones. Increíblemente llegamos a la avenida Complutense sin que los «grises» se dignaran aparecer. Continuamos hacia los comedores llamados «del SEU», el sindicato falangista universitario, que había sido desmantelado creo que aquel mismo curso. En aquellos amplios locales se comía muy barato, y estaban frente a la facultad de Medicina; hoy son oficinas de no sé qué.

De pronto se produjo la desbandada. Algunos daban saltos para ver, por encima de las cabezas, qué sucedía. Y he aquí lo que sucedía: un solitario *jeep* de los pequeños, con dotación de cuatro *grises,* avanzaba cautelosamente. ¡Y ello había bastado para disolver una concentración de mil personas, sin contar los mirones, que cívicamente la flanqueaban por las aceras! Claro, los huidores tomaban a los cuatro policías por la vanguardia de una legión, aunque ésta tardó bastante en aparecer. Y en una muchedumbre, ya se sabe, si unos pocos de delante echan a correr, los de atrás les imitarán con apasionamiento. Al cabo de un rato llegaron más vehículos, y la impetuosa marcha se deshizo como una pompa de jabón. Diez o quince nos sostuvimos un cuarto de hora, a inútiles pedradas, en la esquina de Geológicas, entonces en construcción, y cuando nos cansamos rodeamos la Ciudad Universitaria y fuimos a Moncloa.

En Moncloa y Argüelles había un buen despliegue policial. También pululaban unos pocos cientos de supervivientes de la reciente catástrofe. Con más valor que antes, unos grupos saltaron repetidamente a la calle Princesa, gritando y protestando, casi en medio de los *grises*.

Tengo entendido que Raimon dedicó otra canción a aquella particular jornada.

«Progres» y «rojos»

Dicha jornada, muy relativamente gloriosa, entró en la mitología de la «generación del 68», a la que este autor se honra —moderadamente— en pertenecer. Y bien está porque, en efecto, el recital y sus circunstancias fueron por demás reveladores.

Empezando por las cifras. Pese a estar autorizado y con toda su carga política, no movilizó el acontecimiento a más de un décimo del alumnado de la Complutense, ya entonces una macrouniversidad con más de cuarenta mil estudiantes. Es decir, la masa aplastante de los universitarios se desentendía de cualquier cosa parecida a lucha antifranquista. Tampoco sería franquista esa masa, o sólo tibiamente, pero su interés por la política no era mayor que el de estos años últimos. La mayoría pensaba en su carrera y su profesión, en divertirse, en «ligar» o hacer deporte, y ante las asambleas, huelgas y suspensiones oficiales de clases, componía un gesto de fastidiada resignación o se alegraba de hacer novillos sin culpa.

Los politizados censurábamos con acritud la indiferencia de los estudiantes, su «aburguesamiento», «alienación» y «consumismo». Pero, por otro lado, la masa indiferente no nos oponía resistencia, y así los grupos políticos agitaban a sus anchas. Los «sociales» (policía secreta), si bien daban a veces disgustos serios, resultaban en general poco efectivos, y los grupos de ultraderecha, todavía más reducidos que los de ultraizquierda, actuaban con una torpe chulería, ganándose una fuerte impopularidad.

Después de Franco floreció una plétora antes insospechable de luchadores y opositores a su régimen, y he tenido amplia ocasión de maravillarme ante los autorretratos de «luchadores antifranquistas» exhibidos por personas que por entonces no movían un dedo, impermeables, cuando no hostiles, a toda prédica política. Algunos se pintaban así *a posteriori* por un sentimiento de obligación con la historia, la cual no les parecía decoroso que hubiera sido de otra manera; otros, porque esperaban de tal imagen beneficios político-morales o político-profesionales. Muchísimos de los antifranquistas post Franco lo fueron apenas cuando tuvieron mejor ocasión de serlo, pero los mismos que en los años sesenta tachaban aquella agitación de algaradas fastidiosas e inútiles, las recordaban después nostálgicamente, impregnadas de romanticismo juvenil, con el cual ¿cómo no identificarse? Pero en la mayoría de ellos no había falsedad deliberada ni interés, y no debe ser vista su actitud como una simple farsa, sino más bien como una revisión imaginaria, inconsciente y un tanto misteriosa. La memoria circula por vías enrevesadas y probablemente los rojos, pese a constituir una minoría y hasta una ínfima minoría, dieron el tono de aquellos años, tal como una pizca de picante da carácter a un plato.

Cabe suponer que las grandes mayorías, en todas las épocas, se asemejan mucho entre sí, y aunque sus comportamientos sugieran trivialidad e incluso ramplonería, son también la sustancia de la continuidad y la estabilidad social. Si la muchedumbre innumerable de los antifranquistas de hoy lo hubieran sido en vida de Franco, acaso no estaríamos ahora disfrutando de las libertades políticas. Una repentina oleada de radicalismo logró sacudir, en aquel renombrado año, un sistema democrático tan asentado como el francés; ¿adónde habría conducido una convulsión así en España?

Las cifras revelan, pues, la ilusión de la memoria, capaz de presentar una universidad antifranquista. He visto incluso libros titulados o subtitulados *La universidad contra Franco.* Y eso resulta, la verdad, muy exagerado.

En cuanto a la décima parte de politizados, debe hacerse una primera gran división entre los rojos o radicales y los progres. Los primeros solían estar organizados, se manifestaban y tiraban octavillas y piedras; los segundos los coreaban desde la seguridad, contemplaban los «pifostios» (ya no se emplea esa palabra) con buen espacio por medio, y ponían en acción sus pies a la menor provocación. Es casi seguro que la estampida tras el recital de Raimon partió, no de quienes protestaban por la calzada, sino de los que, por las aceras, trataban de situarse en torno al amplio escenario entre los comedores del SEU y la facultad de Medicina.

Los «progres» apoyaban la democracia, pero también mostraban tierna comprensión hacia los regímenes del Este, y una actitud muy crítica hacia el capitalismo. Duros en sus expresiones, mostraban escasa consecuencia con ellas. Con mucho secreto recibían *Mundo Obrero* y lo pagaban con veinte duros (veinte duros daban para comer, dormir, comprar el periódico y viajar en metro durante un día). Irrigaban sus mentes con las revistas *Triunfo* o *Cuadernos para el Diálogo.* También leían, en la capital, *Nuevo Diario, Madrid* o *El Alcázar,* los cuales pertenecían al Opus, se rumoreaba, pero promovían una crítica algo críptica, si bien fácilmente descodificable, contra el régimen (*El Alcázar* volvería con el tiempo a su línea originaria).

Los radicales trataban con indulgente menosprecio a los progres, pero sin éstos no habrían podido hacer nada, pues los progres formaban los círculos de simpatizantes y la masa que de vez en cuando secundaba los llamamientos a huelgas y demás (aquellas movilizaciones nunca pusieron en peligro a la dictadura, pero en ocasiones le resultaron harto molestas). Los rojos solían organizarse bajo siglas revolucionarias y constituían el núcleo, y aun el grueso, de las llamadas organizaciones democráticas o «de masas». Éstas solían limitarse a desdoblamientos de algún partido: el Sindicato Democrático era el dominio del PCE, la FUDE (Federación Universitaria Democrática, o cosa parecida), creada también por el PCE, estaba entonces en manos de los maoístas, etcétera. Algunos no encontraban una bandera lo bastante roja para sus ímpetus.

Volviendo la mirada al pasado sorprende hasta qué punto era comunista o muy filocomunista aquella oposición a Franco, en contra de los sospechosos hallazgos posteriores de ciertos historiadores y forjadores de imagen para políticos «demócratas de toda la vida». Hablo de la oposición que salía a la calle, montaba protestas y huelgas, se arriesgaba a veces seriamente, se introducía en determinada prensa, etcétera. Esa oposición fingía a menudo no serlo, enmascarándose en asociaciones de tonos suaves, que animasen a los asustadizos «progres» y «demócratas».

Entre los comunistas los había «revolucionarios» (maoístas, trotskistas) y reformistas o «revis». Los últimos, los de Carrillo, llevaban muchos años propugnando, inasequibles al desaliento, un Estado *democráticoburgués* (aunque lo querían «avanzado»). No pedían las libertades por convicción, ya que invocaban simultáneamente el marxismo-leninismo y defendían el *socialismo real*; pero entendían que sólo con consignas democráticas alcanzarían a mover (casi nunca lo lograban) a sectores *atrasados* y pequeñoburgueses, y pensaban que la democracia burguesa les facilitaría conquistar sus objetivos últimos. También explotaban a conciencia las facilidades ofrecidas por la Iglesia y el famoso diálogo cristiano-marxista. Carrillo hablará de avanzar hacia el socialismo «con la hoz y el martillo en una mano, y la cruz en la otra», idea seductora para bastantes católicos. Después de todo, si el PCE era, como lo fue y con diferencia, el partido más activo contra el régimen, al llegar las libertades sería también el partido más potente, y podría aprovechar su ventaja para empujar hacia el objetivo real, el socialismo. ¡Ese socialismo no llegará, se trata de un autoengaño!, denunciaban a voz en grito y con razón los revolucionarios… a quienes tampoco su clarividencia iba a servir de mucho.

En fin, las ideas marxistas, matizadas aquí y allá, cobraron tal prestigio que contagiaron a prácticamente todos los grupos activos, incluyendo nacionalistas y cristianos. Los nacionalismos tuvieron un papel muy pobre en el franquismo, con la excepción de ETA, ya en los años últimos del régimen. Es significativo que, durante la dictadura, la ETA sufriera una constante influencia marxista y «españolista», que le produjo reiteradas escisiones. En cambio, durante la

Transición se volvieron las tornas: marxistas y antiguos españolistas rivalizaban por vender imagen de duros nacionalistas. ¡Hasta el PSOE!

Radical era, pues, casi sinónimo de rojo o comunista. El comunismo ofrecía la única vía a los jóvenes inquietos y combativos en busca de orientación política. Puede servir de muestra el hecho de que, al cabo de un año o poco más de lo de Raimon, Blanco Chivite y Catalán habían entrado en el PCE(ml) o lo rondaban, y yo en el PCE (todavía un año y medio después lo dejé para ingresar en la OMLE —Organización de MarxistasLeninistas Españoles—, que fraguaba en París mientras Raimon cantaba en Económicas de Madrid, y había de convertirse en el PCE[r]-GRAPO).

Surgían aquí y allá grupos no marxistas, pero no solían durar, al menos activos. Les faltaba rigor y disciplina para funcionar en la clandestinidad. Existían también reuniones de intelectuales o profesionales enemigos del régimen, pero se sostenían más bien como tertulias, con alguna ocasional y cautelosa protesta.

Y con este somero repaso del movimiento antifranquista, volvemos al mayo famoso. Por aquellos años las universidades entraron en efervescencia en medio mundo, incluyendo muchos países europeos, Usa o Japón. ¿Reflejaban los acontecimientos en España una especie de estado de ánimo casi mundial? Sin duda eran fuertes las semejanzas con otras universidades europeas, pero también, como afirmaba el lema turístico, tan denostado por los progres, «España es diferente». Desde luego, nada que ver con el «mayo francés», que asustó nada menos que a De Gaulle, y sin el cual aquellos movimientos estudiantiles apenas se recordarían.

La nostalgia del mayo francés

Soy uno de los escasos y afortunados poseedores de un adoquín de los utilizados para barricadas o como proyectiles en el mayo parisino del 68. No es que yo estuviera allí. En realidad lo guardó como recuerdo Antonio López Campillo. Veinte años después, estábamos organizando en el Ateneo de Madrid una asociación llamada Círculo de Debates, y proyectábamos sacar una revista de pensamiento —se llamó *Tanteos;* la pobre sobrevivió cinco números en un medio inhóspito—. Campillo se acordó de su reliquia. «Hombre, podríamos hacer correr el bulo de que el adoquín tiene propiedades *progremilagrosas* y organizar visitas, peregrinaciones, algo así. Con ello mantendríamos la revista.» No llegamos a intentarlo, no sé si por falta de iniciativa o de fe. Campillo fue uno de los no muchos españoles participantes en aquel evento parisino:

> La gente estaba algo aburrida, y estábamos en primavera, yo creo que eso tuvo que influir. El movimiento y las formas que tomó fueron una completa sorpresa para todos. Empezó por una manifestación pequeña contra el juicio de Cohn Bendit, que había organizado un gran abucheo a una autoridad en la universidad de Nanterre. La policía cargó con tal dureza que a los pocos días salieron a protestar ya tres o cuatro mil estudiantes, y recibieron el mismo trato: se emplearon incluso gases irritantes de guerra. La gente del Barrio Latino vio aquella brutalidad y se puso del lado de los estudiantes. A partir de ahí ya fue una espiral. Barricadas en el Barrio Latino, quema de coches, disturbios durante una noche entera. Fue muy importante la radio. Las emisoras transmitían en directo lo que ocurría y producían una sensación enorme en todo el país. Se paralizaron las universidades de Nanterre, La Sorbona y las demás, y se llegó a la gran manifestación de cerca de cien mil estudiantes, incluso con gente de derecha. Entonces no hubo choques ni incidentes.
>
> Al poco se fueron extendiendo también las huelgas obreras. Eran espontáneas, porque los sindicatos más fuertes, la CGT, comunista, se oponían. Muchas fábricas fueron ocupadas, no había reivindicaciones muy concretas y la negociación era imposible. Enseguida los grupos a la izquierda del PCF y los anarquistas crecieron, le dieron ciertos rasgos al movimiento. En todas partes se votaban nuevos delegados, y aquello prácticamente funcionaba como los *soviets*: se organizaban los suministros, la prensa, etcétera. Yo estaba

en la universidad de Orsay, una universidad privilegiada, de punta: tenía tantos profesores como estudiantes. Yo trabajaba como investigador, en física, y fui elegido secretario, uno de los tres de aquella especie de soviet. Me ocupaba de las comunicaciones, contactos con el exterior, escucha de emisoras, entre ellas las de la policía, etcétera.

Durante aquellas semanas se creó un ambiente muy especial. La gente se hablaba en la calle aunque no se conociera, se contaban sus historias, se invitaban a comer. Era una especie de fraternización general, muy agradable. Salieron publicaciones, se organizaban mítines y asambleas constantemente y se expresaban todas las opiniones imaginables. Los trotskistas habían lanzado una consigna dramática: «¡Un millón de trabajadores al Elíseo!». Un físico español pidió la palabra: «No, ¡dos millones de trabajadores al Elíseo!». La broma hizo polvo la consigna. Hubo un solo muerto por los estudiantes y otro por la policía. El estudiante escapaba de la policía y por el pánico se tiró al Sena. No sabía nadar. Los anarquistas hicieron un poco de humor negro a costa de los maoístas: «¡Qué lástima, compañeros, que se haya ahogado en pleno proceso revolucionario, cuando hay que moverse como el pez en el agua!» («Los revolucionarios deben moverse en el seno del pueblo como el pez en el agua», sentenciaba un dicho de Mao). Hubo muchos heridos, pero la violencia apenas alcanzó a hacer muertos, ya digo. Y llegaron a estar en huelga diez millones de trabajadores.

Se dijo después que la revolución se frustró por no haber doctrina revolucionaria ¡Nada más falso! Había por lo menos cuatro o cinco. Los trotskistas hablaban de la toma del Palacio de Invierno. Los maoístas pensaban en la «Larga Marcha». Los anarquistas también estaban, con sus teorías. Sin contar otros grupos, como los «situacionistas» y muchos más. Y también comunistas del PCF, que desobedecían las directrices de su partido. El PCF quería acabar con aquella situación.

Como no había gasolina, el tráfico quedó paralizado: ningún muerto en carretera. Luego, el Gobierno consiguió asegurar el suministro de gasolina, la gente empezó a moverse, se iba de vacaciones, y la revolución terminó de esa manera. Treinta y dos muertos el primer día. Como se dijo, Sartre se equivoca: la esencia (*l'essence,* la gasolina) precede a la existencia.

Fue una erupción muy extraña en una época de euforia económica como nunca ha vuelto a haber ni hubo antes, con pleno empleo, salarios que crecían constantemente... No se reivindicaba trabajo, sino ocio, una universidad menos especializada, o no especializada.

También salieron unos principios de movimiento ecologista. Una de las frases famosas fue «Bajo los adoquines está la playa». Algo después los tecnócratas se empeñaron en talar los árboles de las carreteras francesas: «El tecnócrata teme al árbol». Pompidou mismo, presionado, lo impidió. En la ideología influyó mucho la guerra de Vietnam, que aquellos años radicalizó a muchos estudiantes en toda Europa. Y en relación con ella tomaron auge los maoístas, también los trotskistas. Los anarquistas habían sido importantes antes de la guerra mundial, y subsistían muchos de ellos en otro tipo de asociaciones en los barrios, o por reivindicaciones parciales y demás. Por otra parte se habían difundido mucho las obras de Reich, de Marcuse, la revolución sexual. Muchísimas parejas se deshicieron entonces y se formaron otras. La conducta sexual, la moral sexual, cambió enormemente y no se ha rehecho desde entonces. También se acabó la universidad del siglo XIX, se fue a otro tipo de planteamientos. Fue el principio del fin de los sindicatos, y un palo tremendo para el Partido Comunista. Los maoístas se mantuvieron unos años, incluso intentaron algo de guerrilla urbana y hasta rural, y no consiguieron nada. Los trotskistas se han mantenido más tiempo, y los anarquistas también casi desaparecieron como movimiento influyente, aunque quedaron ideas, consignas. Muchos dejaron los estudios y se fueron al campo o a trabajar de obreros [...].

Si aquella inesperada e inesperable explosión parisina no hubiera ocurrido, de las movilizaciones en tantas universidades europeas de la época sólo quedaría una vaga impresión de desmadre, como de los disturbios contemporáneos en las universidades useñas contra la guerra de Vietnam. Pero el mayo francés ocurrió, y sigue ejerciendo un vago encanto; si bien menos que cuando se decía en Francia: «No hay cretino que no incluya el mayo del 68 en su *ridiculum vitae*». Para muchos participantes queda la nostalgia de un tiempo en que fueron, o creyeron ser, idealistas.

En España se había producido, meses antes, una convulsión algo semejante a la de París, y fue en Santiago. Ésta era una universidad poco politizada, pero de pronto en una carga policial una estudiante resultó con un seno desgarrado, de un porrazo. Aquello motivó una indignación tan general que todas las facultades pararon, con asambleas y manifestaciones de miles de jóvenes. Fue una movilización unánime, y la gente simpatizaba con los universitarios. Santiago se convirtió en modelo para los grupos antifranquistas en las demás universidades españolas. La receta, sin embargo, no volvió a funcionar. Faltó, quizá, el asedio policial al Barrio Latino, y en pocos días la protesta se desinfló por completo sin dejar siquiera un rastro de frases más o menos ingeniosas, como en París.

En el «mayo francés», señaló creo que Raymond Aron, no se tomó el poder, sino la palabra. ¿Y qué se hizo con ella? Jugar. Tal vez por eso Sartre estaba tan contento. Juegos de palabras que reivindicaban la imaginación sin conseguirlo: la mayoría de aquellas frases estaban inventadas ya, generalmente por los surrealistas. Eran como fuegos artificiales, que deslumbran un momento y dejan luego una mayor sensación de tiniebla. El ingenio, recuerda a veces Cela, suele ser enemigo de la verdad.

Como observaba Campillo, el 68 fue el principio del fin de muchas ideologías, cuya desintegración liberó otras de menor envergadura, expresión de un descontento difuso y contradictorio: ecologismos, feminismos radicales, tercermundismos y esas cosas. En conjunto, lo del 68 resultó tan confuso que no puede extrañar oír las interpretaciones y «recuerdos» más curiosos. Un comentarista afirmaba que los jóvenes habían, habíamos creo que dijo, «intentado guillotinar de un golpe al capitalismo y al comunismo». ¡Ya es recordar y ya es guillotinar!

Ícaro o la generación del 68

Si el mayo español tuvo poca enjundia, había, no obstante, cierta similitud de actitudes con los universitarios europeos o useños. Los jóvenes gozaban de derechos, posibilidades y bienestar económico como jamás se había conocido ni en muchos aspectos se ha vuelto a conocer. Claro está, la riqueza venía del trabajo duro y la disciplina de la generación anterior. Sin embargo, los estudiantes del 68 no mostraban ni pizca de agradecimiento por aquellos esfuerzos y sacrificios de sus mayores, cuyas ventajas ellos recogían como si cayeran del cielo. Muy al contrario, despreciaban los tiempos precedentes como *la edad de plomo*. Achacaban a sus padres una tendencia viciosa al trabajo, ineptitud para «saber vivir», «alienación» para dejarse explotar. Aseguraban que estaba en marcha una nueva «cultura» en la que las drogas y el estruendo más o menos musical empezaban a jugar un gran papel. Ciertamente la generosidad, la gratitud y el respeto al esfuerzo ajeno no se distinguían entre las virtudes, por lo demás notables, de aquella prodigiosa generación. En términos freudianos, «mataban al padre» para sentirse libres.

Así pues, muchos jóvenes —una minoría, pero muy activa— extremaban(-mos) la crítica al «sistema», exigían todo tipo de libertades y consideraban las responsabilidades inherentes a ellas como una intolerable opresión de los saqueadores, explotadores y demás ralea. Mas he aquí que aquellos reivindicadores de libertades sin límite excusaban en el mejor de los casos, admiraban en el intermedio y trataban de imponer, en el peor, regímenes como los del Este (unos preferían el modelo soviético, otros el chino, quiénes el cubano o el vietnamita, en eso había variedad), es decir, los regímenes más tiránicos, probablemente, de la historia, y comparados con los cuales el franquismo resultaba liberal. «Ustedes no saben lo que es una dictadura», vino a decirnos Solzhenitsin cuando pasó por España en 1974. Y el escritor Juan Benet, portaestandarte del progresismo, replicó que para tipos como Solzhenitsin estaba justificado el Gulag:

¡todo un programa político, más revelador que un tratado, en una frase!

Tales actitudes encontraron sus teorías. Era muy común el rechazo del «sistema» en nombre de opciones muy diversas, desde las rígidamente estalinistas a las que llamaríamos «lumpenistas» (esto no se ha estudiado debidamente) de los *beatniks* y luego los *hippies*, pasando por diversos acratismos. Unos y otros descubrieron que la opulencia reinante tenía muy poca relación con unas reglas sociales y un arduo trabajo: su origen auténtico era el colonialismo, el neocolonialismo, el saqueo del Tercer Mundo. Esto, cuando la gran expansión económica europea había coincidido con la pérdida de las colonias, a menudo tras costosas y humillantes guerras. Al mismo tiempo, se afirmaba, el reino de la abundancia generalizada y sin esfuerzo estaba al alcance de la mano, obstaculizado sólo por los intereses capitalistas. La primera vez que lo oí fue en 1966, a los dieciocho años, en una plaza de Gotemburgo, de boca de otro español, estudiante en alguna universidad extranjera. Yo había llegado allí «a dedo», con la idea, algo excesiva para mis medios, de recorrer Noruega y pasar por Finlandia a Leningrado, a fin de conocer el comunismo, que me intrigaba sin apenas atraerme todavía. «Hoy la utopía se ha hecho posible», me informó el paisano con aire sabihondo.

La utopía seduce, porque ofrece algo así como un mundo infantil libre de padres restrictivos, plena seguridad y máxima libertad a salvo de responsabilidades u obligaciones. En torno a tales deseos («pueriles» y «estériles» para Ortega) resulta fácil componer teorías justificativas. La idea atrae también a los más resueltos con una cierta épica de «asalto a los cielos», de derrocamiento de las leyes —de los dioses— que han «alienado» al hombre en su historia, constriñéndole a la explotación y a la represión, sobre todo sexual (¡la juventud!). Se puso de moda Marcuse, modernizador de Wilhelm Reich, y combinador de Marx y Freud. Se aspiraba, pues, a traer el cielo a la tierra, a hacer de ella un paraíso algo empalagoso y blandengue, a base de verborrea sentimentalmente humanitaria y violentas acusaciones, o violencia sin más, cosas no opuestas, sino complementarias, como ha puesto de relieve Paul Diel. En la realidad histórica, los utopismos han solido desempeñar el papel de máscaras sentimentales y cursis de las tiranías.

Pero, en fin, a aquella generación le dio por la utopía. No debe sorprender que algunos del 68 comparen a su favor el idealismo y rebeldía de su juventud con el espíritu trepa y conformista de la juventud actual. ¡Mejor harían en examinar la consistencia de aquella rebeldía caprichosa! Diel, probablemente el más original y sagaz tratadista de los mitos, ofrece, en el de Ícaro, una explicación sugestiva sobre estos idealismos y sus transformaciones. Ícaro intenta elevarse hacia el sol (la verdad, la plenitud de la vida) mediante unas inadecuadas alas de cera que el calor solar pronto derrite, haciendo caer al joven al mar. Este héroe:

> [...] figuraría cierto aspecto de la adolescencia, el más frecuente, caracterizado por un deseo de elevación que no es más que la efervescencia pasajera de la juventud, ya que ese deseo se desvanece completamente al llegar la edad adulta. Ese «vuelo hacia el sol» ha agotado sus fuerzas, y el héroe se ahoga para siempre en las convenciones y trivialidades de la vida. Cuando se evapora la exaltación juvenil, lo único que resta es la exaltación de los deseos corporales y el esfuerzo intelectual que se realiza para satisfacerlos.*

* Para Freud, la cultura genera forzosamente neurosis, ya que se apoya en la represión de la sexualidad, de ahí «el *malestar* inherente a la cultura». Esta represión le parecía inevitable, pues dejar en plena libertad esos instintos traería la lucha de todos contra todos y el hundimiento de la sociedad. No era difícil, aliándose con Marx, dignosticar ese malestar como propio de la cultura, en efecto, pero de la cultura «burguesa», superable en el socialismo, en la sociedad de la opulencia o algo por el estilo. Esta concepción ha tenido y sigue teniendo enorme influencia en todos los movimientos de la llamada emancipación sexual, la «permisividad» y el cambio de costumbres. Pero algunos, como P. Diel, sostienen que neurosis y similares no son las únicas deformaciones de la psique. Más extendida, y tenida con frecuencia por paradigma de la normalidad, está la euforia trivial, la ausencia de lo que podríamos llamar impulsos espirituales, que

He aquí una prueba del agotamiento de las fuerzas de la generación del 68: su incapacidad para reflexionar sobre su propia aventura juvenil. Otro indicio de la flojera de aquellos anhelos, que determinaría su evolución: las ideas de moda combinaban a Marx, que veía en la economía el secreto y la clave de la conducta social e individual humana, y a Freud, para quien cumplía el mismo papel la sexualidad. Bajo la retórica revolucionaria sólo habría, entonces, una exaltación —en términos de Diel— del deseo de bienes materiales y de sexo. Lo que aprendieron aquellos jóvenes tan pronto abandonaron la vida despreocupada de la universidad, fue que esas cosas cuestan un esfuerzo absorbente. Y a él se han aplicado, con muy varia fortuna, llenando el mundo de vulgaridad y ruido.

La fascinación del marxismo

Antes de la victoria del PSOE en 1982, parte de las elites de la sociedad española ya habían adoptado una ideología marxistoide, y eso ocurrió durante el régimen franquista, sobre todo en la universidad.

¿Por qué ha ejercido el marxismo tal influencia intelectual y política en el mundo, y la sigue ejerciendo en diversas formas? Creo que, al margen de los sentimientos de avidez de poder y rencor social que fomenta, hay tres causas fundamentales.

Para empezar, dicha doctrina ofrecía una aparente explicación de carácter científico para todos los problemas humanos. No se presentaba como una doctrina utópica más, basada en buenos deseos

produce una homogeneidad chata y pedestre caracterizada por el ansia de trepar y de consumir. Según Diel, el neurótico, uno de cuyos rasgos sería una tensión espiritual deformada, y el trivializado, carente de cualquier tensión espiritual, se desprecian mutuamente, pero al mismo tiempo se complementan y en cierto modo son consecuencia uno del otro. Cuando los del 68 lamentan el ambiente banal hoy reinante entre la juventud, deben tener en cuenta que esa juventud es hija, o consecuencia, de los torpes y extraños idealismos de entonces, y de su no analizado fracaso.

fáciles, sino como la aclaración del sentido de la historia a través de la lucha de clases, entre los explotadores y los explotados. El capitalismo vendría a ser la culminación de las sociedades de clases, un sistema capaz de un inmenso desarrollo de las fuerzas productivas, pero incapaz de distribuir los frutos de su producción. El marxismo examinaba el sistema burgués y predecía su evolución necesaria: el capital, explotador de la gran mayoría, creaba sus propios sepultureros, pues las masas proletarizadas, sometidas a condiciones de vida cada vez peores, terminarían rebelándose. El proletariado, guiado por la teoría científica, se emanciparía y emanciparía a la humanidad entera, abriendo paso a una etapa superior de la historia.

La potencia explicativa de la teoría de la lucha de clases atrajo a miles de intelectuales, y conquistó en buena medida las ciencias sociales en las universidades de Occidente. Su influencia persiste hoy, pues aquellos profesores, aunque sorprendidos y deprimidos por la caída del muro de Berlín, no acaban de entender lo ocurrido, y siguen inmersos en las mismas formas de pensamiento y análisis, e influyendo en la juventud.

Sin embargo, la pretensión científica del marxismo había sido concienzudamente refutada ya a finales del siglo XIX, en especial por Böhm Bawerk, que demostró el absurdo de la teoría de la explotación de Marx, apoyada en una idea falsa del valor, base del no menos falso concepto de plusvalía. Pese a lo cual, el marxismo prosiguió su carrera triunfal en el siglo XX, en el cual dejó su profunda marca de sangre y fuego.

Por consiguiente, el atractivo de tal doctrina no se explica sólo por la ilusión de su carácter científico, sino, ante todo, por otra ilusión complementaria: la de una nueva sociedad, igualitaria y repleta de bienes, donde el ser humano alcanzaría el pleno desarrollo de sus potencias, superando los factores que le «alienaban». Éste era el impulso fundamental. No se creía en esa sociedad porque la ciencia marxista demostrara su posibilidad y necesidad, sino al revés: se creía en la supuesta ciencia porque prometía la utópica sociedad anhelada.

La Gran Promesa tenía otro aspecto fascinante: su carácter épico. Proponía un combate gigantesco contra las fuerzas acusadas de encadenar al ser humano, una reedición de la lucha de los titanes contra los dioses, el asalto a los cielos, como expresaba agudamente Marx utilizando la mitología griega. En la mitología vencían los dioses, pero ahora triunfarían el titán Prometeo y los suyos. Este ímpetu intensamente bélico se manifiesta en la extrema violencia con que siempre se impuso el marxismo. No debe despistar al respecto su constante empleo de la consigna de paz, «la lucha por la paz», pues sólo se trataba de una táctica para desarmar a «la burguesía», al «imperialismo», etcétera, pintados como los únicos interesados en la guerra. De igual modo, la consigna de «libertad y democracia» nunca persiguió otro objetivo que socavar las libertades «formales» y las democracias «burguesas».

Creo que en la propuesta lucha titánica contra «los dioses» radica lo esencial del poder atractivo del marxismo. Los dioses aluden a la insuficiencia y la culpabilidad del ser humano. En la religión, y de modo muy explícito en la cristiana, el bien y el mal se encuentran en cada individuo, aunque sus raíces sean misteriosas. De ahí el insoportable sentimiento de culpa por el mal, pero también la responsabilidad y la libertad. Las ideologías, en cambio, postulan la bondad esencial del ser humano, atribuyendo el mal, que aliena o deforma al hombre, a factores de alguna manera exógenos o circunstanciales, desde el trabajo asalariado a la religión o, más vagamente, «la sociedad». Este modo de entender la vida parece una liberación: la culpa personal se desvanece, proyectada íntegramente sobre el llamado sistema burgués y, naturalmente, sobre cuantos lo defienden. Éstos, cargados con toda la culpa existente, deben ser, por lo tanto, aplastados sin escrúpulo o remordimiento, en bien de la emancipación humana.

No es casual que el ideal exaltado haya generado un prodigioso empuje de agresión, así como una capacidad asombrosa para mentir, calumniar, desfigurar la realidad, tácticas siempre justificadas en pro del fin grandioso, aunque bien podrían exponerse como pruebas del carácter fraudulento de ese fin. Tampoco es casual que al proyectar la culpa de ese modo cayeran por tierra la libertad y la responsabilidad en los regímenes socialistas. Por lo demás, derrocados los culpables burgueses, ¡el mal y la culpa resurgían misteriosamente en el seno del mismo partido, vanguardia ilustrada de la nueva sociedad! Las diversas facciones comunistas se acusaban, en su sangrienta lucha por el poder, de «burgueses», «fascistas», «agentes del imperialismo» y, más familiarmente, de «perros rabiosos», «víboras lúbricas», etcétera. Los culpables reaparecían sin cesar, bajo disfraz marxista, y la lucha contra el mal nunca concluía.

Un tercer elemento fascinante, parejo al de la serpiente sobre algunas víctimas, fue el enorme éxito práctico del comunismo. Hoy, caído el muro de Berlín, el comunismo parece haberse esfumado como un fantasma, pero durante setenta años fue un poder de un impulso expansivo sin paralelo en la historia. En tan pocos decenios se extendió sobre más de un tercio de la humanidad, organizó en todas partes movimientos de masas y partidos muy activos y disciplinados, fuerzas de choque fanatizadas y auténticamente temibles, hasta el punto de derrotar, en Vietnam, a la mayor superpotencia del mundo. Junto a ello, la URSS alcanzó logros técnicos y científicos tan notables como colocar el primer satélite artificial o el primer hombre en el espacio, o un gran poderío atómico. Según se decía, en esas sociedades no había desempleo ni hambre, y se había abolido la explotación del hombre por el hombre.

Todo ello creaba al comunismo una aureola triunfal, que señalaba el camino a la humanidad entera. Muchos se sumaban al movimiento, sea por oportunismo de apuntarse al probable ganador, sea porque tales logros parecían probar la corrección de la doctrina, por encima de defectos que debían considerarse parciales y pasajeros. Sin esa impresión triunfal, para unos exaltante, para otros intimidatoria, no podrían explicarse actitudes como la de vastos sectores de la Iglesia Católica. La Iglesia había sido una de las barreras más eficaces contra el comunismo, pero, en los años sesenta, parte de ella se convirtió en vía de infiltración y penetración de aquél.

Ese éxito resultaba paradójico, pues tenía carácter político y militar, a veces científico, pero nunca cumplía sus promesas de mejorar la vida de las masas. Lo máximo que lograba era instaurar una economía cuartelaria, o más bien carcelaria, como indicaba Solzhenitsin, y sólo después de causar inmensas hambrunas y privar de todo derecho a los «proletarios» bajo la imaginaria dictadura de éstos. Ni siquiera cabía el consuelo de una sociedad pobre, pero igualitaria: la minoría privilegiada del partido no sólo gozaba de privilegios inexistentes en los países occidentales, como tiendas exclusivas para ella, sino que de hecho poseía al país entero, sobre cuyos habitantes disponía sin el menor control. ¿Cabe mayor desigualdad?

La experiencia ha sido terrible, pero sería iluso pensar que no renacerá algo parecido. La fascinación de las utopías pervive como parte de la condición humana, y ahora mismo constatamos el influjo de formas degradadas del marxismo en multitud de movimientos de tipo tercermundista, ecologista, feminista y tantos más.

LA INFLUENCIA DE LA II REPÚBLICA

¿CON qué situación histórica entronca la actual democracia española? Sostendré aquí que, contra una impresión extendida, pero poco elaborada, no entronca con la situación anterior a la Guerra Civil sino, precisamente, con el desenlace de dicha guerra. La tesis suena paradójica, pues evidentemente el régimen salido de aquella contienda fue una dictadura, mientras que sus enemigos no dejaron en ningún momento de reclamar las libertades políticas. Sin embargo, mirado más de cerca, el asunto ofrece un cariz muy distinto.

Obtendremos un primer dato crucial comparando el panorama político de la izquierda en las elecciones de junio de 1977 con el de las de febrero del 36, cuando triunfó en las calles, más que en las urnas, el Frente Popular. El contraste no puede ser más llamativo. En 1977 los partidos republicanos históricos habían desaparecido prácticamente, y ocurría casi lo mismo con una fuerza tan característica de los años treinta como el anarcosindicalismo o la *Esquerra* catalana. También las formaciones de derecha se habían desvanecido. De los grandes partidos de entonces sólo quedan tres: el PCE, el PSOE y, en un plano regional, el PNV.

Y si ya el aspecto cuantitativo indica mucho, más aún el cualitativo. ¿Qué tienen en común el PSOE y el PCE de 1977 con los partidos homónimos del 36? Poco más que las siglas. Próxima la guerra, el Partido Socialista estaba a punto de escindirse entre la fracción revolucionaria de Largo Caballero y aquella en que Prieto dominaba, también marxista, aunque tibiamente. En cambio los socialistas de 1977 carecían de ideas definidas en ningún terreno, pero se hallaban unidos en un partido pragmático y adaptable, capaz de alentar consignas radicales sobre autodeterminación, de mostrar comprensión y hasta simpatía por cierto terrorismo, de negar incluso el nombre de España, sustituyéndolo por el de «Estado español» y, simultáneamente, de aceptar la Monarquía de Juan Carlos, la democracia liberal y diversas opciones moderadas. También estaban a un paso de abandonar el marxismo, seña de identidad fundamental del viejo PSOE, paso que darían sin debate y sin el menor problema serio. Esto supone mucho más que un cambio de fachada. En cuanto al PCE de la Transición, se mostró, sorprendentemente, más moderado y colaborador con la monarquía que los socialistas, preparándose para renunciar al leninismo, el cual le daba sentido e identidad, más aun que el marxismo al PSOE.

En 1977, por tanto, no quedaba casi nada de los partidos que formaron el Frente Popular y enarbolaron la bandera republicana, si exceptuamos a los nacionalistas vascos, nada significativos a estos efectos. Como salta a la vista, la izquierda posterior a Franco ha sufrido *una ruptura histórica y doctrinal en profundidad,* y el historiador ha de tenerla muy en cuenta bajo la continuidad aparente de las siglas

Aún nos centrará más en la realidad una segunda comparación, entre la izquierda de 1977 y la oposición antifranquista de sólo cuatro años antes. A finales de 1973, cuando el asesinato de Carrero Blanco abre, en cierto sentido, la Transición, existía una oposición activa, y en principio intransigente, y otra pasiva y un tanto imprecisa. La primera hostigaba sin tregua al régimen de Franco, promoviendo huelgas, manifestaciones, asambleas y protestas de todo género, con empleo, cada vez más frecuente desde 1968, de una violencia que aspiraba a superar el nivel de terrorismo. Esta oposición también actuaba fuera de España, a través de sindicatos y partidos extranjeros de izquierda, a veces de derecha. Pese a su tenacidad y esfuerzo, en ocasiones heroico, el antifranquismo activo nunca hizo peligrar al régimen, si bien, desde luego, le molestó y perjudicó incansablemente. Considerando toda la época de Franco, sólo un partido mantuvo sin desmayo su actividad: el Partido Comunista. En los años sesenta se unieron a la lucha otros, también comunistas (maoístas, en especial), y la ETA, igualmente influida por el marxismo. Maoístas y ETA preconizaban la violencia sistemática, mientras que el PCE había renunciado a ella hacía tiempo, a causa de la derrota del *maquis* en los años cuarenta (aunque no la descartaba, si surgían condiciones propicias).

A su lado otra oposición, generalmente pasiva y mucho más variada, se manifestaba apoyando en ocasiones a los activos o aprovechando circunstancias favorables. En buena medida estaba constituida por «desprendimientos» del propio régimen, e incluía desde sectores eclesiásticos y personalidades destacadas en alguna etapa de la dictadura, hasta círculos carlistas, falangistas, etcétera. En muchos casos se hacía en ellos muy tenue la línea entre oposición y colaboración. Sufrían, desde luego, mucha menos represión que los comunistas, y algunos disfrutaban de considerable tolerancia. La oposición pasiva engloba también a los socialistas, los nacionalistas —excepto ETA—, los anarquistas —aunque tuvieron períodos de bastante actividad— y otros. Por el tiempo del atentado contra Carrero, el PSOE se reorganizaba con evidente tolerancia del poder, el cual tendía a ver en aquél un contrapeso frente al PCE.

Parece justo, pues, concluir que la oposición al franquismo fue más activa cuanto menos democrática (comunista), y más pasiva cuanto más democrática.

Además procede destacar otros dos hechos: a) que el ideal republicano llegó a ser defendido por parte de los maoístas, y b) que el historial de lucha contra la dictadura movilizó pocos votos en 1977. Muchos probaron a sacar partido de su antifranquismo aunque, honradamente, sólo el PCE tenía pleno derecho a ello. Y el resultado electoral comunista, si bien notable en Cataluña —donde los comunistas eran más estalinistas— quedó muy por debajo de las expectativas.

El dilema de la República

Las elecciones del 77 indican, pues, un cambio histórico de gran alcance, al situar fuera del juego político, de la memoria y de la cultura populares, a la República como meta o ideal a recuperar. Explicar esto obliga a un repaso, aunque sea somero, de la experiencia de aquel régimen.

La evolución de la II República puede ser descrita como un proceso, irregularmente acelerado, de radicalización de tres grandes fuerzas: la derecha, la izquierda y el anarcosindicalismo, más las nacionalistas catalana y vasca. En la hora decisiva, las tres últimas se aliaron contra la primera, para quedar las tres vencidas.

Las circunstancias exteriores al nacer la década de los treinta, con la depresión económica mundial y la fanatización de masas en Europa, ayudaban muy poco a la tranquilidad en España. Sin embargo, las condiciones internas parecían inmejorables: la República llegó sin sangre y con casi general aceptación —entusiasta o resignada—. Pero pronto saltaron a la palestra los enemigos: el más fuerte, aunque mal organizado, la CNT; luego, grupos fascistoides y comunistas. Y círculos monárquicos, no muy temibles pese a contar con influencias en el ejército: su aislamiento se reveló en el pronunciamiento de Sanjurjo, fácilmente reprimido al faltarle adhesiones importantes.

Ahora bien, los hombres más significados del nuevo régimen se estrenaron con un ademán excluyente y jacobino que despertó temor en unos y exaltación en otros. Azaña hizo una declaración de intenciones ya el 20 de noviembre de 1930, tres meses después del Pacto de San Sebastián y apenas uno antes del golpe militar previsto para derribar la Monarquía. Se trata del discurso *Tres generaciones del Ateneo,* en la apertura del curso académico ateneísta:

> No seré yo —afirmó Azaña—, que con otros aguardaba verme un día menos solo, quien siembre desde esta tribuna la moderación [...]. Si me preguntan cómo será el mañana, respondo que lo ignoro; además, no me importa. Tan sólo que el presente y su módulo podrido se destruyan [...]. Si agitan el fantasma del caos social, me río.

Hay en el discurso un anhelo de hacer tabla rasa del presente y una confianza ingenua en que esa labor destructiva generaría automáticamente un equilibrio aceptable. Y hay frivolidad o ceguera en el sofisma sobre la posibilidad del desorden:

> Caos social es muy necia expresión. De chico me enseñaban a probar la existencia de Dios con el argumento —entre otros— del orden maravilloso reinante en el Universo. Y yo me preguntaba: ¿se concebiría el Universo desordenado? Si no hubiera Dios ¿andarían las estrellas a trompicones por el espacio?... Este argumento no prueba nada. Otro tanto digo del caos social; no es menester que yo intente ordenarlo.

Se argüirá que esta actitud, muy emblemática por lo demás, no pasaba de «simple retórica». Sin duda tenía Azaña poco de revolucionario y deseaba, o desearía muy pronto, un reformismo razonable, es decir, no destructor del pasado; pero en política la retórica nunca es «simple». Las palabras obligan y empujan, y su mensaje trae a veces consecuencias más decisivas que los hechos. Quizá valga la pena contrastar aquellas palabras y actitudes con las del rey Juan Carlos, de Suárez y demás conductores de la aún reciente Transición: la diferencia es abismal, e instructiva.

Azaña resulta irónicamente premonitorio cuando termina:

> Quien ocupe este puesto (del Ateneo) dentro de 5 años [...] recordará, al conjugar nuestra historia social, la del espíritu público y la acción de los hombres que fugazmente hayan pasado por el

> cenit de esta casa, si el acierto y la fortuna han corroborado mis previsiones o si no han hecho más que prolongar la cadena de descontentos, murmurantes y quejosos desde hace siglos al margen de la España oficial.

Sólo cinco años más tarde, en efecto, la legalidad republicana estaba al borde del colapso, e izquierdas y derechas pensaban, más que en apuntalarla, en empujarla para que se desplomara sobre el adversario. El propio Azaña bregaba para moderar las corrientes revolucionarias, decididas a acabar *de verdad* con «el presente y su módulo podrido». No lo consiguió. Él fue quien se vio arrastrado.

Los analistas del fracaso republicano suelen dividirse en dos tendencias: unos lo atribuyen al carácter excluyente y poco conciliador tomado por el nuevo régimen desde el principio; otros lo achacan a lo contrario, a vacilación e inconsecuencia en las medidas —revolucionarias— que en su opinión tenían que haberse tomado.

Entre los primeros, Ramón Salas Larrazábal señala en *Los datos exactos de la Guerra Civil*:

> Esta tarea [la modernización de España] era la que tenía delante de sí la conjunción republicanosocialista que [...] instituyó la II República. Su consolidación sólo sería posible si era lo suficientemente generosa para aceptar a los demás, para aunar fuerzas, y ello exigía que, contrariamente a lo hecho hasta entonces, se prescindiera de toda exclusión [...]. El hecho histórico es que fracasó en ese intento de superar las discordias y establecer un régimen pacifico de convivencia.

Fracasó pese al legalismo y moderación observadas por la derecha principal, la CEDA, contra lo pretendido por ciertas leyendas.

La idea contraria la expone en su *Historia de España* Pierre Vilar, maestro de tantos historiadores españoles:

> Así murió la República reformista y jacobina, por haberse creído capaz de reformar España sin dar inmediatas satisfacciones a las

> masas agrarias, y de luchar abiertamente contra el sector obrero más fuerte.

Los jacobinos no lucharon contra el sector «obrero» más fuerte, es decir, el revolucionario, sino que se aliaron con él y lo alentaron en los momentos decisivos.

En realidad estos análisis expresan las dos grandes opciones practicables, en principio, para los republicanos. Así, es muy posible que si la izquierda hubiera impulsado drásticamente medidas revolucionarias, la guerra no se habría producido en 1936. Falta por ver si no habría estallado antes, pues análisis tipo Pierre Vilar saltan sobre algunos datos esenciales: ante todo que la derecha —lo demostraría al ganar cumplidamente las elecciones de 1933— era mucho más que un puñado de latifundistas, banqueros y obispos, seguidos por una masa ignorante, como pretendía la propaganda contraria.

El dilema entre radicalismo consecuente y espíritu integrador, planteado a la República desde su nacimiento, tenía difícil solución. El primero abocaba al choque social sin ninguna garantía de victoria; el segundo, a reformas lentas, probablemente fructíferas a la larga, pero inaceptables para amplias masas excitadas por la demagogia izquierdista.

El hundimiento moral del Frente Popular

Pero en el abandono del ideal republicano, tan palpable en 1977, y tan digno de atención como poco estudiado, influyeron decisivamente otras circunstancias. Al respecto han circulado algunas explicaciones: se ha invocado la represión, llegando a afirmarse que los franquistas habrían exterminado a la capa política de la II República y hasta a sus simpatizantes. El argumento no resiste la crítica porque, como sabemos, gracias sobre todo a los estudios de Ramón Salas, la represión, incluida la de posguerra, acabó con un número de personas parecido en los dos bandos, y por lo tanto habrían sido aniquiladas asimismo las fuerzas políticas capaces de dar cohesión y continuidad a los vencedores de la guerra; y con mucha más razón, si seguimos la versión de que los franquistas constituían una exigua minoría de políticos y militares, representantes de una oligarquía asimismo ínfima. Versión propuesta con audacia, todavía en 1986, por Pierre Vilar en *La guerra civil española*:

> Del 18 al 20 de julio de 1936, España sufrió un choque de unas características que evocan el siglo XIX: propietarios, militares y sacerdotes —seguidos, en algunas regiones, por masas habituadas a obedecerles— contra burgueses medios seducidos por los principios de la Revolución francesa y contra un pueblo muy pobre [...].

Así, el Frente Popular representaría al «pueblo», y su capa política tendría que ser, si tal creemos, mucho más nutrida.

También se han enfatizado las cifras del exilio, elevadas por casi todos los autores a medio millón de personas. Pero también el dato pierde peso si no olvidamos —contra lo que también hacen casi todos— que casi tres cuartas partes de los exiliados decidieron volver a España durante el mismo año 39, y otros siguieron haciéndolo con posterioridad.

Por otra parte la represión descendió con rapidez en los años cincuenta, y a finales de los sesenta se cebaba, realmente, sólo en los grupos violentos y, en menor medida, en los comunistas, es decir, sobre la casi totalidad de la oposición activa y continuada al régimen, poco numerosa en conjunto. Escasean los políticos o militantes no comunistas o terroristas encarcelados durante esos años; las propias Comisiones Obreras se organizaron casi en la legalidad —aunque a finales de los sesenta fueran más perseguidas—; otros círculos se expresaban claramente, aunque con limitaciones, en publicaciones como *Cuadernos para el Diálogo, Triunfo* y diversos diarios; la *Assemblea de Catalunya*, con el PSUC como elemento dinamizador, actuaba en una semilegalidad. Y siempre la represión resultó harto más llevadera que la practicada por los regímenes socialistas, modelos para la oposición activa, y objeto de reverencia para el grueso de la oposición pasiva, sin excluir grupos derechistas.

Se ha atribuido igualmente a la asfixiante propaganda franquista la capacidad de borrar la memoria histórica. Pero aquella propaganda fue siempre muy pobre y, a excepción de los años cuarenta, gozó de poca estima —aunque sin caer en descrédito verdadero— entre la gente. Más aun, durante los años sesenta, la batalla de la propaganda y de las interpretaciones históricas la habían ganado los enemigos del régimen en varias universidades, en ámbitos juveniles e intelectuales y en parte de la prensa. Además persiste el hecho de que la mitad de la población vivió la guerra en el bando «republicano», y pudo haberse transmitido la memoria histórica de padres a hijos. En ese plano, el familiar, la represión franquista fue insignificante.

¿Cómo se perdió, entonces, el ideal republicano? A mi juicio, la causa radica en que *el hundimiento de la República no fue sólo militar, sino también moral.* Basta el repaso de algunos sucesos decisivos para hacer aflorar la verdad por encima de propagandas o mitificaciones. La derrota del Frente Popular se produjo como una guerra civil entre sus propios componentes. Y no constituyó un incidente aislado, nacido de la desesperación y amargura del inminente final, pues a lo largo de toda la guerra fueron incesantes las intrigas, ataques y sabotajes entre los partidos del Frente. La población también había sido testigo de una represión contra supuestos o reales derechistas tan feroz o más que la del bando contrario contra la izquierda, lo que impide creer en la indignación de los panegiristas de la «República» ante la saña de sus adversarios. Menos creíbles aún cuando cargan la responsabilidad de tales actos sobre el «pueblo» creyendo así justificarlos por un lado, y por otro enmascarar a los autores reales: las organizaciones específicas de partidos y sindicatos. Los líderes, en fin, se preocuparon de ponerse a salvo, sin dejar la menor previsión de ocultamiento, fuga o resistencia para los miles de seguidores que quedaban atrás, muchos de ellos implicados en el terror contra la derecha, y a quienes esperaba una suerte muy dura. Luego, en el exilio, prosiguieron las querellas, mutuas exclusiones y pugnas por controlar los fondos expoliados, en medio de acusaciones venenosas.

Todo esto son hechos irrebatibles, documentados en las amargas peleas y explicaciones entre partidos izquierdistas, y sería en verdad milagroso que, con tales experiencias, el Frente Popular o la República brillaran en la memoria de la gente como un ideal deseable. A decir verdad, se hizo muy común el dicho: «¡Esto es una república!» para describir una situación caótica.

Cabe alegar que entre la República propiamente dicha y el Frente Popular median grandes diferencias. En efecto, así es, empezando por la destrucción de la primera en julio del 36, aplastada en la zona franquista y dinamitada revolucionariamente en la opuesta. Pero los propios republicanos presuntamente moderados se habían aliado antes con los revolucionarios, y al comenzar la guerra aceptaron el papel de comparsas de la revolución. Con ello ligaron su suerte a la del Frente Popular, y en ese sentido no cabe hacer especiales distinciones entre ellos.

Si la República se derrumbó con tal facilidad fue sin duda porque llegaba a 1936 herida de muerte. Las elecciones de febrero de ese año habían dibujado un país dividido en dos grandes sectores enfrentados, más uno neutral o indiferente, todos numéricamente muy similares, como coinciden en señalar los analistas. El clima de aquellas elecciones fue de extrema crispación y desconfianza entre izquierdas y derechas.[4]

La radicalización venía de atrás. Su detonante definitivo había sido el rechazo, o al menos la no aceptación, del gobierno de la derecha, aunque ésta accediera al poder según las leyes republicanas. Rechazo culminado en las intentonas revolucionarias de octu-

4. Tamames y pocos más presentan un ambiente prebélico de normalidad y tranquilidad. La prensa de entonces ofrece una impresión muy distinta.

bre del 34, con las cuales «la izquierda se privó hasta de la sombra de razón para condenar la sublevación de sus contrarios», como observa Salvador de Madariaga en su libro *España;* y es difícil no coincidir con tal apreciación.

Quienes —o muchos de quienes— debieran haber garantizado la legalidad republicana, la habían asaltado incluso con las armas en 1934. Y luego, en vez de rectificar, mitificaron su revuelta. Con ello volvían imposible la convivencia democrática.[5]

La duración del franquismo

La mera duración del franquismo podría tal vez explicar el olvido de la República; pero precisamente esa duración tendría que ser explicada, y creo que lo que la explica, explica también el profundo cambio en el panorama histórico.

¿Por qué duró tanto la dictadura? La cuestión ha sido fuente de ocasionales meditaciones para algunos historiadores, no muy satisfactoriamente concluidas, por lo general. Sin embargo, se trata de un enigma en extremo sencillo, una vez descartados los prejuicios ideológicos. El régimen se mantuvo porque *disfrutó de mucho apoyo y de muy poca oposición.* Oposición, además, dividida y hasta enfrentada internamente, y muy poco brillante en sus estrategias y elaboraciones: para comprobarlo basta repasar el material propagandístico e intelectual que produjo. El número y organización de los antifranquistas creció mucho en los años sesenta y setenta, sin dejar de constituir pequeñas minorías, y sólo se multiplicó de forma espectacular a partir de la muerte de Franco. Antes, no sólo el régimen no

5. Opina Carrillo en sus memorias que de no ser por la revolución del 34, especialmente en Asturias, y a pesar de su fracaso, en España se habría instaurado un régimen fascista o parafascista, con consecuencias funestas para el desarrollo de la II Guerra Mundial. Carrillo, uno de los jefes de aquella insurrección, finge olvidar que no buscaba entonces salvar la república burguesa, sino imponer la «dictadura proletaria», y que el peligro fascista no existía realmente en España.

se había percatado de tener tantos enemigos, sino que éstos mismos apenas sospechaban serlo, o lo eran con tal tibieza que su desamor caía en lo platónico.

Tampoco las tensiones con los monárquicos demócratas representaron peligro para Franco, entre otras cosas porque él mismo apadrinaba la restauración monárquica. Los problemas de Franco con el conde de Barcelona son sabidos, pero si el primero no podía prescindir de la perspectiva monárquica —caso de que se le pasara por la cabeza— sin introducir un factor de ilegitimidad y discontinuidad muy arriesgado, el conde no estaba en condiciones de rivalizar con el general en prestigio y apoyo interior. Por aquellos años el fervor monárquico era muy tenue en España. La Monarquía había caído en 1931, en circunstancias poco edificantes, y sin la política de Franco no habría tenido la menor oportunidad de reimplantarse.

¿Y por qué obtuvo el franquismo un apoyo social tan amplio? Un apoyo no entusiasta ni activo, por lo común, pero sí real y práctico. Tres poderosos factores psicológicos y políticos lo explican, a mi entender. En primer lugar, la ya señalada quiebra moral de la República y del Frente Popular, que dejaba a la oposición sin alternativa para movilizar a grandes masas. En segundo lugar, casi nadie deseaba, ni por lo más remoto, una nueva contienda, *ni un clima social* como el de preguerra, y la persistencia de los viejos tics y tópicos entre los antifranquistas no auguraba nada bueno en ese sentido. Por último, ya en los sesenta, cuando apuntaban nuevas generaciones ajenas al conflicto bélico, el régimen propició un auge económico espectacular. Estos tres factores, con las matizaciones que se desee, resultan evidentes para quien prescinda de anteojeras.

El régimen hubo de afrontar un acoso internacional complicado con guerrillas en el interior, después de 1945. Pero logró salir del paso y de su aislamiento. En ello desempeñó su papel la neutralidad española durante la guerra, que rindió a los aliados ventajas estratégicas invalorables; lo cual no debieran pasar por alto los críticos de la postura occidental en la posguerra. Con todo, pretender que el régimen se salvó contra la voluntad popular y gracias a la «comprensión» posterior de Usa, apenas pasa de despropósito.[6]

Por otra parte el régimen perdió pronto sus ideas totalitarias, y la dictadura, al revés que en las democracias populares, apenas afectó a la vida personal. El control del Estado sobre el ciudadano era —aunque con menos garantías para éste— menor que ahora; y el aparato estatal, relativamente ligero, no cargaba en exceso sobre la sociedad.

Todo lo cual se puede exponer de otra manera: en la guerra, la base social del Frente Popular la constituyó sobre todo el proletariado urbano y rural, mientras que las clases medias se alinearon con sus enemigos. Aunque este esquema admite grandes salvedades, describe, más o menos, lo ocurrido. Bajo la dictadura, sobre todo en los años sesenta, las clases medias engrosaron, mientras el proletariado accedía a una posición muy lejana de la penuria e inseguridad del pasado.

El asesinato de Carrero Blanco

Que la oposición no tuvo ni podía tener, dadas las circunstancias, iniciativa ni protagonismo en los pasos decisivos de la Transición a la

6. Esta síntesis, aunque en exceso somera, dudo que pueda cuestionarse en serio. Digo en serio. En otro plano, claro está que seguimos oyendo a políticos e intelectuales hablar tranquilamente de un «aislamiento de España» prolongado hasta 1975, y otros tópicos parecidos. De creerlos, los planes de desarrollo de los años sesenta eran otros tantos fracasos, mientras el descontento y la miseria no hacían sino crecer. Si tales críticos admiten mejoras, las endosan a la emigración y al turismo, olvidando que también emigraban a Centroeuropa masas de italianos, yugoslavos, portugueses o griegos, cuyos países no alcanzaban las tasas de crecimiento españolas; o que el turismo es nada sin un espíritu empresarial que lo aproveche. Al final, ¿cómo explicar el largo poder de Franco sobre un pueblo supuestamente obsesionado por librarse de él, habiendo perdido a sus sustentadores nazis y fascistas, y en medio de un entorno democrático? Un Franco, además, descrito como un ignorante brutal, aunque habilidoso, o un mediocre: si él era así ¿cómo seríamos —de ineptos, por lo pronto— quienes le combatimos? Quizá debamos creer en la protección del brazo de Santa Teresa... La biografía de Franco escrita por Paul Preston reúne y refina esa disparatada argumentación que se autorrefuta. Sorprendentemente, Juan Pablo Fusi califica a Preston de gran polemista. Cuando los españoles nos hemos flagelado tanto por nuestro apasionamiento, reconforta en cierto modo comprobar cómo en otros países nos aventajan algunos en el arte, tampoco tan difícil, de torturar los datos de la observación en el potro del prejuicio exaltado.

democracia, se percibe inequívocamente considerando su papel a finales de 1973, cuando el atentado contra Carrero Blanco. Esto tienen que admitirlo incluso quienes, con escaso criterio, adjudican a aquel asesinato la virtud mágica de haber derribado el baluarte capaz de sostener al franquismo aun después de muerto Franco, pues si basta la muerte de un hombre, perpetrada por otros pocos, para lograr tan admirables efectos, el papel de la oposición, en conjunto, habría sido casi nulo. La democracia sería fruto de la acción terrorista de ETA, y ante tamaño beneficio, bien valdría tipificar como simples y perdonables excesos sus acciones posteriores.

Tal interpretación del magnicidio, con su evidente tosquedad, está muy divulgada, como ocurre con otras muchas semejantes. Pero si entendemos el asesinato de Carrero como el punto de partida de la Transición, ha de ser por otras razones. Entre ellas, porque: a) demostró que la corriente mayoritaria del franquismo se inclinaba por la reforma y no por el intento de consolidar el régimen mediante una ola de represión, utilizando la provocación de ETA: la tentativa de sectores «ultras» en este último sentido fue rápidamente desbaratada por los «aperturistas»; y b) porque demostró la debilidad y falta de iniciativa de la oposición. La ETA se escondió después de su golpe, sin poder pensar siquiera en explotar sus efectos, y los restantes grupos quedaron paralizados, negaron con énfasis su participación en el asesinato y esperaron, aturdidos, la reacción franquista. Por tanto, los reformistas del régimen tenían poco que temer del empuje opositor.

Contra cierta imagen propagandística, el Gobierno de Carrero se proponía organizar un proceso aperturista, si bien limitado, y de ahí la preocupación general cuando fue nombrado para sucederle Arias Navarro, tachado de «duro», y más policía que político. No obstante, lo primero que se propuso Arias fue reimpulsar la apertura, como dejó claro en su discurso del 12 de febrero de 1974, menos de dos meses después del magnicidio. *Lo esencial del discurso consistió en la afirmación de que la figura y la circunstancia histórica de Franco eran excepcionales.* En otras palabras, los franquistas, la mayoría de ellos, no pensaban en una prolongación de la dictadura. Salta a la vista que tampoco había claridad sobre el alcance de las reformas. Casi todos pensarían en mantener de algún modo un régimen autoritario, de definición a cada paso más vaga. El ensayo del «asociacionismo» frente a una democracia de partidos era inevitable, entre otras cosas por la debilidad de los opositores. Y aunque inevitable, no prosperaría, pues no sólo el *Caudillo* seguía con vida, sino que muchos «familiares» del régimen ponían poca fe en aquella salida. Cuando desapareciera Franco, las diferencias dentro de su clase política sólo podían desatarse, proceso bien reflejado, por ejemplo, en las memorias de López Rodó referidas a esa época (*Claves de la transición*).

Con tales premisas, la Transición se aceleró naturalmente a la muerte del dictador. Enseguida surge una situación de tolerancia política lindante con la libertad *de facto*. Los partidos se reorganizan con escasas trabas y lanzan una agitación y propaganda en vasta escala. Esta oposición, aunque dividida (Junta y Plataforma Democráticas, y dentro de cada una, grupos sumamente heterogéneos: ¡desde democristianos a maoístas!), tiene en común su anhelo de «ruptura», de lograr las libertades a partir de un gobierno provisional o algo similar, dejando fuera de juego y de legitimación a cuanto procediera del franquismo. Dado el peso de las tradiciones políticas de la oposición, su rupturismo era tan inevitable como lo había sido la maniobra de las «asociaciones» para sus contrarios.

Mas para entonces ya las fuerzas todavía franquistas promueven una reforma dispuesta a llegar lejos, admiten que «el movimiento que se ha desencadenado no dejará piedra sobre piedra», como comenta Torcuato Fernández Miranda a Martín Villa, según las memorias del último. Eso sí, el movimiento debe ser controlado, «de las leyes a las leyes», sin provisionalidad ni vacío de poder. Sin ruptura.

La pugna entre reforma y ruptura subió de tono tras la forzada dimisión de Arias. La oposición se fortalecía a ojos vistas y trataba de movilizar a las masas con lemas de impacto político y sentimental, especialmente el de amnistía —aunque, la verdad, los presos políticos no pasaban de tres o cuatro centenares—. Con todo, su capacidad movilizadora ni de lejos resultó decisiva. Unos días antes de la discusión en Cortes de la Ley para la Reforma, de Suárez, convocaron los sindicatos de la izquierda una huelga general de sentido inequívoco. La huelga tuvo un seguimiento muy modesto. El 18 de noviembre de 1976 las Cortes franquistas aprobaron, por abrumadora mayoría, la Ley de Reforma que ponía punto final al régimen por ellas representado, y a ellas mismas. Felipe González intentó que la Comisión Política del Parlamento Europeo condenase dicha ley. Sin éxito.

La votación de aquellas Cortes contra su propia continuidad debe de tener muy pocos precedentes históricos, si es que alguno. Fue un acto generoso, cuya grandeza sólo desde la ruindad puede regatearse. Al margen de las maniobras y compromisos tras el telón por parte de los reformistas franquistas, salta a la vista que una votación tal (425 a favor y sólo 59 en contra) no habría tenido lugar si la tendencia fundamental de las familias del régimen, clara ya en la reacción ante el atentado contra Carrero, no hubiera sido la de terminar con la dictadura. Santiago Carrillo comenta en sus memorias:

> [...] también los jóvenes socialistas necesitaron tener coraje para hacer lo que hicieron. Siempre lo reconocí, y a veces valoré mucho más su papel que el de ciertas gentes que se habían reconocido un ideal de izquierdas cuando les ofrecieron un puesto en las candidaturas.

Sin duda hubo coraje e inspiración en la aceptación del proceso por la izquierda, pero quizá necesitaron más de lo primero los nostálgicos del viejo régimen, que en tan triste minoría quedaban.

Y así nos acercamos a la prueba decisiva y reveladora de la situación histórica: el referéndum popular que respaldaría —o rechazaría— la reforma, y sobre el que muchos historiadores pasan con excesiva discreción o rapidez. En un último aunque algo desalentado esfuerzo, la oposición llamó a boicotear las votaciones. En diciembre de 1976, a un año de la muerte de Franco, los partidos rupturistas ya contaban con gran número de simpatizantes, pero se demostró que esa simpatía no llegaba hasta el punto de defender la ruptura. Casi nadie obedeció las consignas de boicot. Importa mucho percibir la trascendencia de este referéndum. Si entre el pueblo existiese la hostilidad al franquismo y/o el apego a la República o a la oposición pretendidos, explícita o implícitamente, por tantos historiadores y políticos, no habría pasado en balde la gran ocasión de hacer el vacío al referéndum y de legitimar, con ello, la ruptura.

La votación entrañó una legitimación *a posteriori* del franquismo: *puso de relieve, tanto el muy mayoritario deseo de finalizar aquel régimen, como el de un cambio no destructor del inmediato pasado —recuérdese la intención contraria de Azaña en 1930—, sino apoyado en él.* Este dato clave permitió que los pasos decisivos de la Transición se diesen *desde* el franquismo, por políticos franquistas o ex franquistas, y con un rey designado por Franco. ¿Fue esto bueno o malo? Quizá pudo haber sido mejor, hablando en abstracto; pero si bajamos a lo concreto, a la alternativa real, representada por aquella oposición tan heterogénea, indudablemente antidemocrática en sus doctrinas e historia la mayor parte de ella, y sin otro nexo de unión real que la insistencia en la ruptura, no vacilará ninguna persona razonable en considerar la salida real como la mejor de las posibles.

¿Era ineluctable?

Lo ocurrido plantea un problema que dejaremos aquí sólo indicado: el de cómo pudo brotar del seno de una dictadura tan prolongada la iniciativa y la corriente principal conducentes a la actual democracia. Abordarla implicará un reenfoque del carácter del franquismo, una de cuyas claves se revela en el hecho de haber sido la legalización del PCE el único y verdadero escollo que hizo peligrar la democratización.

Sí que abordaremos otro punto: ¿pudo la oposición haber influido en la opinión y la acción pública lo bastante como para que las cosas transcurrieran de otro modo? Para casi todos los opositores Franco y los suyos, en exclusiva, habían destruido la legalidad democrática con la ayuda determinante de las potencias fascistas, y por eso su régimen y cuanto saliera de él les resultaba radicalmente inaceptable. De uno u otro modo, la legitimidad estaba en la República. Quienes así pensaban podían aceptar una monarquía, pero en todo caso la del conde de Barcelona y no la de Juan Carlos, y más bien como trámite para suavizar la vuelta a una República. Este esquema de concesiones teóricas se mantuvo incluso después de muerto Franco, hasta que la realidad impuso otros rumbos.

A la reivindicación republicana se oponían dos tendencias poderosas. En primer lugar, las generaciones de la guerra, en cualquier bando, mostraban escaso interés por ella —y por la monarquía—. Y las nuevas generaciones, alejadas física y anímicamente de la contienda, vivían una bonanza económica que, como acostumbraban quejarse los círculos revolucionarios, las aburguesaba y despolitizaba. Sin embargo, la queja exageraba algo, pues fue en los sesenta cuando, como recordamos antes, la propaganda y las versiones históricas y políticas antifranquistas conquistaron ámbitos universitarios y obreros considerables, gracias a una propaganda legal e ilegal bien combinada. ¡Y donde la radicalización cundió más fue precisamente en Vasconia, cuyas tres provincias encabezaban la lista de las más ricas *per capita*!

Para atacar al régimen era preciso mitificar la República y el Frente Popular. Hablo de mitificación no tanto en el sentido de falseamiento como en el de exaltación de un ideal o modelo capaz de inducir al compromiso y a la acción; lo cual, no necesariamente, pero sí a menudo, implica falseamiento u omisión de los datos que pudieran hacer vacilar o dudar a los fieles. Pues bien, a pesar de los avances de la oposición en aquella época, la fuerte radicalización juvenil en Vasconia fue la excepción y no la regla. La situación de anteguerra seguía sin ilusionar a casi nadie.

Conviene, por tanto, examinar más a fondo lo sucedido en dicha región. Contra algunos tópicos, no existía allí una mentalidad irreconciliablemente antifranquista y de resistencia soterrada, de la que habría nacido, como fruto natural, la ETA. Por el contrario, las proclamas de la primera época etarra, en su revista *Zutik,* respiran un angustioso aislamiento. Los terroristas en ciernes se sentían incomprendidos, «víctimas de un horrible pecado colectivo de nuestro propio pueblo», un pueblo lo bastante estúpido, según eso, para «asistir ¡¡¡con alegría incomprensible a su propio genocidio!!!» y que «en vez de recibir a pedradas o a tiros a los extranjeros que frivolizan ante un pueblo que agoniza, en vez de machacar a golpes a los turistas españoles y franceses [...]. ¡Qué triste espectáculo el de Euskadi en verano! Por doquier folklore vasco [...]». Si los etarras propugnaban la violencia se debía a ese aislamiento, pues, clamaba Julen Madariaga, uno de los fundadores de la organización: «Cuando una masa de quinientos vascos sea capaz de manifestarse pública y silenciosamente en las calles... callaré. Pero mientras sólo sea un puñado de patriotas los que tengan que hacer todo lo que se hace [...]»; era preciso llamar a la violencia. Es más, en un ambiente tan tristemente pacífico, y por tanto tan poco represivo, la violencia, el terrorismo, debía generar una espiral de «acción-represión-más acción». Debía provocar la represión para forzar al mayor número de vascos a radicalizarse.

Si observamos cómo llegó a transformarse el ambiente a partir, sobre todo, de mediados de los sesenta, notaremos que la mitificación nacionalistaizquierdista violenta fue unánimemente apoyada por la oposición, incluso la comunista. Entre las primeras prédicas terroristas del grupo *Ekin* y la primera muerte, en 1968, transcurren nada menos que dieciséis años; pero cuando llega la sangre, el apoyo, la comprensión o la disculpa de la oposición, sin excluir a un sector creciente del clero vasco y no sólo vasco, son generales. Y ello continuará hasta avanzada la Transición. En plena democracia Tierno Galván —y no es ninguna excepción— invocará el «genocidio» supuestamente perpetrado por el franquismo en el País Vasco como «explicación» de los atentados, incluso después de la dictadura.

En momentos de bruscos cambios políticos o de agonía de un

régimen son fáciles los bandazos en la opinión pública, e ideas o círculos de poca audiencia adquieren de pronto un protagonismo extraordinario. Así pasó con los bolcheviques en 1917, o con los comunistas españoles a partir del 18 de julio de 1936. Sucedió algo parecido en *Euskadi,* aunque no llegó a tanto.

Un buen índice de la situación allí lo ofrece el boicot al referéndum de diciembre de 1976: se abstuvo un 45% del censo, lo que hace, si descontamos un 20 o 25% de abstención técnica, no más de 25 o un 20% de boicot a considerar. Mayor que en otras regiones, pero sin demasiada importancia.

Ahora bien, si una radicalización como la vasca se hubiera extendido —cosa en principio muy posible— a Madrid, Cataluña y Andalucía, por ejemplo, la democratización habría podido seguir la línea rupturista, fuera cual fuere el resultado final de ella.

Si la evolución histórica siguió otros cauces se debió, a mi juicio, a que, en contraste con los mitos nacional-terroristas en *Euskadi,* la mitificación de la República topó con obstáculos que le impidieron cuajar. Por una parte las interpretaciones de aquel régimen y del Frente Popular variaban, y hasta chocaban, según las presentaran los comunistas, los socialistas, los anarquistas o los republicanos: las viejas rencillas revivían, y la imagen mitificadora perdía fuerza.* El mito o seudomito republicano, no cuajó en el conjunto de España con la relativa fuerza que lo hizo el mito nacional-terrorista en *Euskadi,* y por eso los acontecimientos siguieron un curso relativamente tranquilo e integrador, acaso el mejor de los posibles.

* A este efecto deben valorarse muy alto los trabajos historiográficos emprendidos en los últimos tiempos del franquismo, y que inmediatamente socavaron aquellos mitos. Después de la *Historia del Ejército Popular de la República,* de Ramón Salas, por ejemplo, no eran tan fáciles las leyendas. Obras así ejercen una influencia algo misteriosa, pues rara vez son leídas por más que un pequeño número de personas, y además se enfrentan, en este caso al menos, a deliberados silenciamientos. Pero, con todo, suelen frenar a los creadores de mitos o seudomitos. Después, la llegada de *Pérdidas de la guerra* echó agua a otra campaña que resaltaba, en exclusiva y sin medida, los crímenes represivos de un solo bando, y centró las cuestiones en el terreno de lo discutible y lo razonable, apartándolo de la acción impulsiva y fanática.

LOS ÚLTIMOS DÍAS DE FRANCO

LA oposición al franquismo reivindicaba la democracia y se justificaba en ella, pero en muchos aspectos representaba un serio peligro para la convivencia. Resucitaba los fantasmas del pasado, respaldaba abierta o disimuladamente a la ETA, esperando recoger beneficios políticos de sus asesinatos, asumía las doctrinas nacionalistas y volvía, de hecho, a la negación de España, tan acusada en los tiempos de anteguerra. La misma palabra «España» se hizo casi un tabú en esos medios, para ser sustituida por «Estado español». Sus principales fuerzas profesaban el marxismo, radicalmente antidemocrático. Su antifranquismo visceral colisionaba, en principio, con una masa del pueblo no descontenta del régimen, como evidenciaba el fracaso reiterado de los llamamientos a rebelarse contra él. Además, aquella oposición se componía de grupos faltos de raíces en la población, de ideologías muy variadas, cuando no enemigas entre sí, que sólo reconocían la «democracia burguesa» como un medio para terminar «superándola». Si el régimen se derrumbaba y ella tomaba el poder, no era difícil una nueva época de sacudidas en España.

A mediados de octubre Franco volvió a sentirse enfermo y pronto entró en una prolongada y dolorosa agonía, aprovechada por el rey de Marruecos, Hasán II, para adueñarse de la colonia española del

Sahara, con evidente apoyo useño. España perdía los últimos restos de su pasado colonial, pero de manera incruenta y, al revés que en 1898, el suceso fue acogido casi con alivio. La ONU había dictaminado que la población saharaui debía decidir en referéndum su futuro político, y Franco pensaba cumplir ese mandato. Pero España sólo contaba con enemigos en esa zona, empezando por grupos saharauis armados muy enfeudados con la izquierdista Argelia. Este hecho hacía que un eventual triunfo de tales grupos en el Sahara permitiera a Argelia rodear a Marruecos por el este y el sur, convirtiendo a este país en un enclave prácticamente aislado en toda África del norte, de ahí su apoyo a Rabat. Es probable que de continuar Franco en el poder se realizara el referéndum contra viento y marea, pero Juan Carlos prefirió plegarse a unas presiones internacionales muy difíciles de resistir. El único punto en que estaban de acuerdo argelinos, useños, marroquíes y mauritanos consistía en que España se fuera de allí. España sufrió con ello considerables pérdidas económicas y prestigio, pero salió de un avispero que tuvieron que afrontar los países deseosos de su abandono. Las presiones internacionales llevaron al nuevo jefe de estado, Juan Carlos, a doblegarse y permitir la ocupación marroquí, instrumentada como una «marcha verde» de masas exteriormente desarmadas, pero respaldadas e infiltradas por el ejército de Hasán.

Franco falleció el 20 de noviembre, casualmente en el aniversario de la muerte de José Antonio y también del líder anarquista Durruti, treinta y nueve años antes. Su muerte pudo haber sido la señal para el derrumbe del régimen, pero éste resistió perfectamente. Las instituciones funcionaron perfectamente, Juan Carlos y Arias permanecieron. El cambio se hizo conforme a las previsiones y no hubo la menor rebeldía popular, más bien al contrario. Se formaron enormes colas para ver el féretro del extinto Caudillo. Fue enterrado en el Valle de los Caídos, el gran monumento —presidido por una cruz visible a muchos kilómetros y sobre los restos de combatientes de los dos bandos— que él ordenó edificar como recuerdo de su victoria sobre la revolución y como emblema de reconciliación nacional nunca aceptado por la izquierda.

Algunos, desde luego, brindaron con champán. Alberti, en Roma: «El día que se murió ya estábamos hartos de brindar con champán». No dejaba de ser lógico, pues Alberti había sido un entusiasta de Stalin, y miembro de la célebre cheka de Bellas Artes. Areilza dice: «Inmediatamente hice algunas llamadas telefónicas a amigos de Madrid y de provincias. Luego desayuné, y bajé a Madrid para comprobar lo que pasaba [...]. La normalidad era absoluta». Barrionuevo: «Cuando fui a llevar a mis hijos al colegio, vi las calles anormalmente vacías. Al preguntar en el colegio qué pasaba, me lo dijeron. De allí me fui a mi despacho de inspector de trabajo». Buero Vallejo: «No hice ningún tipo de celebración». Marcelino Camacho: «Entre los presos políticos había un ambiente de alegría [...] y un cierto temor por nuestra integridad física» (diez días después salía de la cárcel). Fernando Claudín: «Yo iba con una periodista francesa que estaba sorprendida al no ver por las calles manifestaciones de júbilo». Nuria Espert: «Yo pensé que el día que muriera Franco iba a ser un día de júbilo y... no, no lo fue para nada». D. Ibárruri: «No me causó gran impresión, ya que la esperaba hacía tiempo». Roberto Lerchundi, ex etarra: «Era una celebración muy deseada por todos. La cena fue muy entrañable y brindamos con champán». Pascual Maragall: «El sentimiento generalizado en Cataluña era de alegría» (falso, Maragall había medrado en el aparato político del régimen). José María Maravall: «Estuvimos un grupo en casa de una amiga, donde cenamos y charlamos alegremente». Luis Otero (de la UMD): «Sin duda tengo que decir que me alegré por su muerte». Jaime Miralles: «Experimenté un sentimiento de gran frustración nacional (¿?) por el hecho de que la muerte del dictador no produjera la inmediata extinción del sistema dictatorial». Mario Onaindía (estaba en la cárcel en relación con los primeros asesinatos de la ETA: «Me llevé una gran alegría [...]. El odio que le tenía trascendía de lo político a lo personal. Como no teníamos champán ni nada con qué celebrar, nos tuvimos que contentar con [...] saltos y abrazos». Francisco Rabal: «Me acuerdo que hice una vida normal [...]. Pasamos mi mujer y yo por la plaza de Oriente y vimos la cola. Fue un día que no se me olvidará». Simón Sánchez Montero (comunista, en la cárcel): «A pesar de que eran momentos tensos no pasé demasiado miedo». Juaristi: «El 20 de noviembre, yo estaba solo en Bilbao. Oí la noticia de la muerte de Franco y salí hacia Askartza. Las clases se habían suspendido. Deambulé por las calles, observando las reacciones de la gente. No había el menor atisbo de júbilo popular».

Después, muchos pretenderían que se agotó el champán en muchos lugares. En realidad no ocurrió nada por el estilo, o Maragall, que había hecho una excelente carrera en la administración de la dictadura, miente como un político.

No había la menor señal, no ya de rebeldía, sino ni siquiera de júbilo. Algunos, ciertamente, lo celebraron particularmente, entre amigos, y brindaron con champán, lo cual no dejaba de resultar, irónicamente, un homenaje al viejo Caudillo. Y la leyenda de que en algunos sitios se agotaron las provisiones de champán es eso: una leyenda.

Otra cosa destaca en las apreciaciones de los antifranquistas: su absoluta falta de grandeza en cualquier sentido: son verdaderas vulgaridades.

El peso de Franco

Se pasan a veces por alto factores poco precisables, pero evidentes, como el prestigio o influjo psicológico de algunas figuras históricas. En este sentido cabe hablar del prestigio de Franco, no sólo entre sus partidarios, sino también, e incluso no menos, entre sus enemigos, cuyo respeto al *Caudillo* rayaba en lo supersticioso. La oposición democrática aceptaba, a menudo explícitamente, que, mientras él viviese, nadie sería capaz de expulsarlo, ni valía la pena hacer grandes esfuerzos al respecto. La oposición no democrática, aunque hablaba de derrocarlo, creía muy poco en ello. Para casi todos se trataba más bien de prepararse para el posfranquismo, que algún día tendría que llegar. Los grupos terroristas y radicales de última hora tuvieron una actitud más resuelta, pero llegaban tarde y sin capacidad material.

Probablemente el mismo Franco no se hacía demasiadas ilusiones sobre la pervivencia de su régimen una vez él falleciera. Pero mientras vivió, supo adaptarse, aunque lentamente, a las circunstancias. Ese grado de adaptabilidad, quizá pequeño, le bastó, sin embargo, para mantener lejos del nivel de alarma las amenazas contra su poder. Y ello es lo que, en definitiva, imposibilitaba una Transición en vida de él, pese al desarrollo económico.

Las razones del ascendiente de Franco son harto inteligibles, una vez nos libramos de anteojeras ideológicas, y hacen entender, a su vez, por qué la oposición recogió tan exiguos laureles. En primer lugar, los vencidos en la guerra lo fueron no sólo militar, sino también moral y psicológicamente, y perdieron todo atractivo para la vasta mayoría de la población. Por el contrario, Franco llegó a simbolizar, para mucha más gente de lo que acostumbra admitirse ahora, una idea de progreso material, seguridad y superación de las querellas guerracivilistas. Además, su dictadura dejaba un amplio margen de libertad personal, aunque no política. No puede negar estas cosas quien haya experimentado la enorme dificultad para alistar militantes contra el régimen, incluso en los años sesenta y setenta, cuando la represión había descendido mucho. Podemos percibir esta realidad, asimismo, en el mediocre éxito de los antifranquistas entre los cientos de miles de emigrantes a la Europa más rica, pese a que allí los partidos podían moverse a sus anchas y se suponía a los emigrantes, por su situación, un fuerte resentimiento contra el régimen. Otro dato clarificador: la amnistía de julio de 1976, paso a una rápida transformación política, dejó libres a 366 presos políticos de los poco más de 400 existentes, según informaba *El País*. En un país de casi 40 millones de habitantes, la cifra habla por sí sola. Además, casi todos aquellos presos pertenecían a grupos comunistas y terroristas, profundamente antidemocráticos, sin duda.

Por todo esto —y descartando una intervención extranjera, concebible en 1945 pero ya no después—, sólo dentro del propio franquismo podían ir fraguando las corrientes capaces de impulsar un cambio a fondo. El relieve de la persona de Franco y la precariedad y vaguedad de los presupuestos ideológicos de su régimen, volvía improbable la continuidad de éste. En sus diez últimos años, la dictadura ensayó medidas aperturistas que, si bien tímidas, venían muy bien a la mayoría de sus adversarios. Así, Comisiones Obreras actuaba en una línea intermedia entre legalidad e ilegalidad, y el PCE podía lanzar la consigna de abandonar la clandestinidad en gran medida. Las medidas franquistas no tenían un horizonte claro, pero constituían una opción abierta, desde una posición de predominio político, no de debilidad. El panorama terminó de aclararse cuando el propio régimen firmó su disolución, con el «suicidio» de sus Cortes, en el otoño de 1976. En la habitual perspectiva, o falta de ella, este hecho resulta inexplicable, y no deja de tener gracia la lucubración de Paul Preston en el capítulo correspondiente del manual de Historia de España de *Historia 16,* atribuyendo el «suicidio» al «hábito de la obediencia como a un exagerado sentido del patriotismo». ¡Pues no están mal la obediencia y el exagerado patriotismo! Felipe González declaró por entonces que Suárez había sido «muy hábil» difuminando la línea entre reforma y ruptura. El hábil quizá fuera el propio González, al hacer de la necesidad virtud.

Desde luego, llamar a aquellos franquistas demócratas consecuentes sería abusivo, pero es preciso valorar su moderación y anhelo de culminar la reconciliación. Ocurrió que, de manera ligeramente similar a lo sucedido con Carrillo, la mayoría de los franquistas no veían, muerto Franco, otra vía que la que terminó por imponerse, a iniciativa de los más clarividentes de ellos. Sólo una situación revolucionaria o rupturista les habría obligado a dar marcha atrás, pero tal hipotética situación resultaba más temible para la mayoría de la oposición que para el régimen: recuérdense las reacciones, casi de pánico, de esos partidos ante el secuestro de Oriol, y su obsesión por presentarlo como una provocación de la ultraderecha.

La Transición se realizó, así, desde y por el régimen franquista, con el rechazo de un sector del mismo que demostró ser muy débil, y con la colaboración *auxiliar* de la mayoría de la oposición.

II. LOS ACTORES

LA IGLESIA ANTE LA TRANSICIÓN

Un factor importante en la Transición fue el cambio de actitud de la Iglesia ante la dictadura. El franquismo no sólo había salvado a la Iglesia de un exterminio realmente feroz por parte de las izquierdas —exterminio que constituye una de las mayores atrocidades de la historia de España— sino que había procurado adaptar gran parte de su legislación a las exigencias eclesiásticas. Por ello, pese a sus roces con otras familias del régimen, en particular con la Falange en los años cuarenta, la Iglesia fue sin duda un puntal del régimen, y su distanciamiento de este en los años sesenta tenía que hacer crujir todo el andamiaje del sistema. De ahí que este cambio, aunque menos ruidoso que otros, tuvo una influencia mayor, superior, desde luego, a la de la actividad opositora abierta. Pero, a pesar de su importancia, no ha sido estudiado a fondo en sus entresijos y consecuencias políticas, aunque existen aportaciones cruciales de Ricardo de la Cierva y otros trabajos más dispersos o parciales.

El cambio de orientación ocurrió de modo paulatino, si bien acelerado, a partir del Concilio Vaticano II, y no en una dirección predominantemente democrática, sino, aunque suene paradójico, influida por una especie de comprensión hacia el totalitarismo marxista. El concilio originó diversas tendencias, y quizá resultara la más chocante la del llamado diálogo con el marxismo, propugnada sobre todo por obispos de Francia, Alemania y Holanda, muy preocupados por acercar la Iglesia al mundo moderno, que parecía darle la espalda. Comprensivos hacia el marxismo, también solían propugnar un cambio de orientación en la moral sexual.

El cambio no se dio sin resistencias, suspicacias y maniobras. En el concilio pugnaron dos grupos, la *progresista* Alianza Europea, luego Mundial, y el conservador Grupo Internacional de Padres. En relación con esta pugna resulta muy informativo el libro del sacerdote Ralph M. Witgen *El Rin desemboca en el Tíber. Historia del Concilio Vaticano II.* Las diferencias giraron en torno a la moción sobre ateísmo y comunismo, y muy pronto demostraron los *progresistas* mayor cohesión y destreza política. Bastantes obispos, empezando por el brasileño Gilberto Sigaud, pidieron, ya en 1963, que «se expusiese la doctrina social católica con gran claridad y se refutasen los errores del marxismo, el socialismo y el comunismo con fundamentos filosóficos, sociológicos y económicos». No hubo respuesta por parte de la comisión correspondiente, dominada por los *progresistas,* que parecían dispuestos a impulsar el diálogo con el ateísmo, pero no a identificar al comunismo como enemigo claro y preciso. Pablo VI propugnó a su vez el diálogo en la encíclica *Ecclesiam suam*, sin citar al comunismo.

El año siguiente el obispo chino Yu Pin y otros más insistieron en definir al comunismo como «uno de los mayores, más evidentes y más desgraciados fenómenos modernos», que obligaba a tanta gente a «soportar injustamente sufrimientos indescriptibles». El sector *progresista* volvió a dar la callada por respuesta. Por entonces un periódico checoslovaco, bajo régimen soviético, se jactaba de que en todas las comisiones del concilio se habían infiltrado los comunistas. Se trataba en parte de una intoxicación, pero era bien conocida esa labor de infiltración desde poco después de la guerra mundial, por medio, sobre todo, del movimiento *Pax,* de origen polaco y manejado por el NKVD, la policía política de la URSS.

En abril de 1965 un esquema propuesto oficialmente al debate volvía a evitar la mención del comunismo. Veinticinco obispos protestaron por este silencio en una carta, y advirtieron que a Pío XII se le había reprochado injustamente haber callado sobre la persecución contra los judíos, pero en cambio podría reprocharse al Concilio, y esta vez con justicia, el silencio ante la opresión marxista, lo cual se interpretaría como «cobardía o connivencia». Hasta 450 obispos se adhirieron a la carta, la cual proponía reafirmar la doctrina tradicional sobre el comunismo.

Presionados por la tenacidad de los conservadores, la comisión arguyó no haber recibido la carta. Al demostrarse lo contrario, afirmó que le había llegado fuera de plazo, lo cual se demostró igualmente falso. Como principal obstructor de los conservadores salió a la luz el obispo francés Achille Glorieux. Solo después de varios episodios semejantes lograron los conservadores la inclusión de algunas frases sobre el comunismo, pero sin mucho efecto porque, como observó el obispo Sigaud: «existe una diferencia entre llevar el sombrero en el bolsillo y llevarlo en la cabeza», aludiendo a la manera vergonzante de tratar la cuestión. Fracasó el intento de una moción más tradicional. El episodio no tiene nada de anecdótico, pues revela el poder adquirido en la más alta jerarquía eclesiástica por los grupos propensos a entenderse con los seguidores de Marx y a atenuar, por lo menos, el viejo antagonismo.

El «diálogo» con la izquierda

En realidad era poco viable el entendimiento con una fuerza resuelta a liquidar, incluso físicamente, a la religión y sus defensores, como había demostrado reiteradamente. Sin embargo, el sector *progresista* tendía a interpretarlo como una «incomprensión», superable mediante el «diálogo», y creyó hallar puntos de contacto: ¿no defendía el cristianismo a los humildes y denunciaba las injusticias de los poderosos? ¿No predicaba el despego de las riquezas? Y la opulencia occidental, ¿no contrastaba insultantemente con la pobreza de muchos países? Los comunistas afirmaban haber traído trabajo para todos y eliminado la miseria, y muchos querían creerlo. Frente a tal avance, ¿qué contaban las libertades y derechos «burgueses», incapaces de impedir hirientes desigualdades? Y si los comunistas propugnaban un materialismo agresivamente ateo, ¿no exhibían los occidentales un materialismo práctico, haciendo del consumo el eje de su vida? Así enfocado el problema, podía concebirse hasta una confluencia entre cristianismo y marxismo, y los cristianos debían plantearse si no habrían pecado de soberbia en sus condenas a un sistema que tan arrollador avanzaba por el mundo y tanta esperanza despertaba en las masas y en miles de intelectuales.

Pesaban en la nueva orientación pensadores como Jacques Maritain, que durante la guerra de España había desprestigiado al bando nacional ante el Vaticano y apoyado al PNV, con el cual identificaba sin más al pueblo vasco. La doctrina de Maritain era por una parte democrática (propició la democracia cristiana), favorable a la libertad de conciencia y a la separación de la Iglesia y el Estado; pero por otra parte introducía ideas de tinte marxistoide sobre las «clases dominantes» y los «oprimidos», acusando a la Iglesia, de modo más o menos explícito, de haber apoyado muchas veces a las primeras contra los últimos. Esta concepción abría un vasto flanco al ataque de las izquierdas en general, y del marxismo-leninismo en particular. Si el cristianismo tenía que adaptarse al progreso, era evidente que el progreso podía continuar sin necesidad de la Iglesia. Y si la Iglesia reconocía —tan tardíamente— su culpable connivencia con los opresores, sólo podía deberse a la presión y avances de las izquierdas, lo cual debía interpretarse como el comienzo de la definitiva bancarrota religiosa.

Desde luego, los marxistas no pensaban renunciar en lo más mínimo a sus posturas, por lo que el diálogo suponía grandes concesiones de entrada por parte de los católicos, sin contrapartida. Los cristianos debían difuminar su doctrina, según la cual el comunismo solo podía producir frutos venenosos, al negar de raíz la libertad y la dignidad humana. Los marxistas, avezados a la «lucha ideológica», desarrollaron tácticas de infiltración y utilización de esos talantes eclesiásticos. Nunca llegó a haber un verdadero diálogo, y los contactos nunca atrajeron a los comunistas a la Iglesia, pero sí a bastantes cristianos al comunismo o al abandono de su religión.

Una cruda manifestación de la consiguiente crisis de conciencia eclesiástica, sobre todo en Iberoamérica y con fuertes ecos en España, ya en los años setenta, fue la llamada «Teología de la liberación», entendida la liberación en términos socioeconómicos próximos a los propagados desde Moscú y Pekín. La prosperidad de los países ricos constituiría una brutal injusticia, un producto de la explotación de los países y las masas pobres, o más propiamente empobrecidos por la *rapiña* burguesa. En tal esquema la riqueza occidental no guardaba relación con los sistemas políticos que aseguraban el respeto a la vida, la propiedad y los derechos individuales, favoreciendo la iniciativa privada y dificultando la instalación de un poder tiránico. Los «liberacionistas» coincidían con los marxistas en considerar todo ello una fachada irrelevante, tras la cual el sistema de explotación capitalista sumía en la miseria a la mayoría de la humanidad: la abundancia occidental hundía sus raíces en las penurias del resto del mundo. De acuerdo con ese enfoque, numerosos católicos defendieron dictaduras izquierdistas del llamado tercer mundo, o la subversión y las guerras lanzadas por los partidos revolucionarios para instaurar dictaduras superadoras —decían ellos— de las embaucadoras y declinantes democracias imperialistas.

Creo que no se puede entender este cambio en muchos sectores de la Iglesia sin prestar atención al fenómeno, hoy casi olvidado, de la arrolladora expansión del comunismo durante décadas. La guerra mundial había terminado en el sometimiento de los países de Europa central y oriental a dictaduras de tipo soviético, en Grecia había estado a punto de ocurrir lo mismo, y en Francia e Italia los partidos comunistas constituían fuerzas poderosas. La década de los cuarenta terminaba, apenas cuatro años después, con un nuevo y gigantesco éxito del comunismo, en cuyas manos caía la inmensa China. En sólo treinta y dos años desde la revolución soviética de 1917, un tercio de la humanidad vivía en regímenes marxistas, mientras en otros muchos países los partidos de esa orientación conspiraban sin tregua para derrocar los sistemas existentes. En los años cincuenta Corea del Norte desafiaba bélicamente a la propia Usa, terminando la prueba sin un claro vencedor, mientras el imperio francés doblaba las rodillas en Indochina. El final de esa década alumbraba el triunfo de Fidel Castro, que pronto impondría un nuevo régimen marxista en las mismas barbas del Tío Sam, haciendo de Cuba un foco de inestabilidad general y guerrillas por América. Además, los comunistas influían, cuando no dirigían, muchos de los movimientos anticoloniales que echaban a las potencias europeas de sus inmensas colonias de África y Asia. En la década de los sesenta, Jrúschof afirmaba que en unos pocos años la URSS superaría a Usa en nivel de vida, y muchos en Occidente, que no eran comunistas, le creyeron.

Esa expansión asombrosa, sin precedentes históricos de ninguna ideología, religión o sistema político, no llevaba trazas de detenerse en los años sesenta, cuando la guerra de Vietnam empantanó a la superpotencia useña, que conocería allí su primera derrota bélica. Y todo ello bajo la sombría amenaza de la guerra atómica. Hoy esos hechos parecen lejanos, pero sin recordarlos no lograremos comprender muchos movimientos de la época, entre ellos los ocurridos en España. Los sistemas democráticos europeos habían logrado controlar pasablemente a sus revolucionarios, debido, en muy alta medida, al apoyo de Usa, que había contrarrestado a los partidos comunistas y estimulado la prosperidad de aquellos mediante el Plan Marshall, pero, en conjunto, el comunismo aparecía como poder apabullante y a la ofensiva, frente al cual retrocedían las democracias burguesas con todos sus éxitos económicos y su potencia militar.

Los avances comunistas despertaban oposición, pero también una mezcla de sumisión, simpatía y colaboracionismo. Y no porque alguien pudiera ignorar las matanzas masivas de opositores en los regímenes marxistas, la aniquilación de las libertades, no sólo políticas sino también personales, la erección de sistemas policíacos asfixiantes sin paralelo en la historia, y de una economía carcelaria. Sin duda la propaganda comunista, extendida por todo el mundo, negaba o justificaba tales hechos, pero nadie podía llamarse a engaño al respecto. Bastaba a los europeos contemplar el muro levantado por la Alemania soviética en 1961, no para evitar la invasión del país, sino la fuga de sus desesperados súbditos.

El filomarxismo cundía en muy diversos ámbitos, lo mismo entre intelectuales y artistas conocedores, sin embargo, de que el comunismo les privaría de libertad creativa, que entre obreros cuyo nivel económico y derechos ciudadanos superaban de muy lejos a los de los países sovietizados. Sin duda el poder fascina, y muchos se rendían psicológicamente ante la exhibición comunista de fuerza, seguridad, disciplina y fe fanática en un porvenir utópico, justificador de todas las miserias, sacrificios y crímenes del presente. Necesita todavía un estudio el fenómeno de la colaboración con regímenes tales por parte de gentes distantes y hasta opuestas, por sus más obvios intereses, a la ideología de Marx. La Iglesia, desde luego, no escapó a esa inclinación, después de haber contribuido tanto a frenar los impulsos revolucionarios de posguerra mediante las democracias cristianas, sobre todo en Italia y Alemania.

Con motivo de un simposio de obispos europeos en Suiza, el cardenal Tarancón comentará en sus memorias:

> En Europa se defendía la tesis de que los sacerdotes debían comprometerse en el cambio de las estructuras políticas y sociales en nombre del Evangelio y aun por procedimiento violentos, porque eran injustas. Se hablaba ya abiertamente de la *teología de la violencia,* de la *teología de la revolución.*

Sin duda los marxistas tenían razones para estar contentos de esta evolución, que también se produciría más o menos acentuadamente en España.

Roma se desengancha del franquismo

Los obispos españoles, de tendencia fuertemente conservadora en su mayoría, y muy respetuosos o claramente afines al franquismo, se vieron sorprendidos por la evolución del Concilio Vaticano II. Ni sus experiencias ni el martirologio de la Guerra Civil recibieron mayor atención, y de la magna junta de obispos salía un creciente distanciamiento, por no decir hostilidad, hacia el régimen español, compensada por cierta comprensión, rayana a veces en la simpatía, hacia los regímenes comunistas. Tan pronto se fueron concretando las tendencias, el concilio trajo malos vientos para el franquismo, cuya legitimación descansaba en muy gran medida, precisamente, en su lucha contra el comunismo.

Hasta entonces la única oposición eclesiástica al régimen había partido de reducidos círculos nacionalistas catalanes, como el de Crist Catalunya, que se fundó en 1954 y del que proviene Jordi Pujol, y vascos, centrados sobre todo en parroquias, y de adherentes a los grupos sindicales de la HOAC (Hermandad Obrera de Acción Católica) y la JOC (Juventud Obrera Católica). Algunos sindicalistas católicos proponían políticas tipo lucha de clases, y entre el clero vasco había tenido bastante éxito la ideología de Sabino Arana, mezcla de un exacerbado racismo y de una religiosidad *sui generis*, según la cual los vascos eran católicos casi por naturaleza, en contraste con los demás españoles, que siempre lo habían sido por imposición y sin sentimiento genuino. Este sector del clero recordaba los doce sacerdotes fusilados durante la guerra por los nacionales, a causa de sus actividades políticas, y olvidaba los treinta y cinco asesinados en Vizcaya por el mero hecho de ser sacerdotes. En cuanto a Cataluña, Companys había procurado salvar de la matanza al clero nacionalista, buena parte del cual, encabezado por el cardenal Vidal i Barraquer, se había refugiado en Roma, donde hacía activa propaganda contra el bando nacional, junto con los sacerdotes próximos al PNV y con los obispos franceses, temerosos del influjo alemán en España.

Al terminar la guerra habían vuelto bastantes clérigos nacionalistas o separatistas, y también nacionalistas laicos, que, encontrando un mal ambiente para sus ideas debido a la aún reciente experiencia histórica y a las trabas que les imponía la dictadura, se habían adaptado e integrado en la situación, o bien habían formado pequeños grupos para mantener el fuego sagrado y una oposición sorda, pero de escasa proyección. De hecho la oposición nacionalista, clerical o política, no pasó de testimonial durante más de veinticinco años. Pero con el concilio, el ambiente cambió con notable rapidez, en todos los sentidos y en todo el país. No es que el grueso de la Iglesia lo hiciese, pero las minorías disconformes se volvieron más poderosas e incontrolables al sentirse amparadas por las directrices vaticanas. A finales de 1963 tuvieron gran eco internacional las declaraciones del abad Escarré, de Montserrat, calificando al régimen de «subversivo», resaltando el carácter «nacional» de Cataluña y afirmando que el país había vivido «veinticinco años de victoria, no de paz». Tales opiniones eran notables, porque Escarré, muy afín al Opus Dei, había mostrado actitudes claramente franquistas hasta poco antes. El dominico Narcís Xifra Riera ha presentado en sus libros documentos que prueban la filiación falangista de Escarré. Éste, en enero de 1939, a la llegada de las tropas nacionales, se hizo con el gobierno de la abadía y mantuvo excelentes relaciones con los jefes militares. También consiguió trabar amistad con Franco, a quien recibía en Montserrat cuando el Caudillo viajaba a Cataluña. Los monjes expulsados de la abadía y algunos sectores del catalanismo clandestino lo querían echar de Montserrat y Escarré encontró una salida digna e inteligente inmolándose como mártir del sistema.[7] El vuelco se extendería a bastantes más.

La tendencia cobró mayor amplitud desde 1967, cuando monseñor Dadaglio fue nombrado nuncio con la misión de impulsar

7. http://infocatolica.com/blog/germinans.php/abad_escarre_quaesivi_bona_sibi_o_como_s

el distanciamiento del régimen. Como explicará el cardenal Tarancón, alma de la nueva política vaticana desde finales de los sesenta, el Papa «no veía con agrado la vinculación que la Iglesia española tenía con el régimen. Temía que cuando se produjese el cambio tuviese que pagar la Iglesia una factura muy cara». En otras palabras, el Vaticano consideraba al comunismo una corriente con mucho futuro, a la que quizá hubiera que adaptarse, y en cambio veía, con mayor realismo, que el régimen español no duraría ya demasiado. Por ello deseaba congraciarse con la oposición para evitar represalias posteriores, y a ese fin promovió a los obispos más despegados u opuestos a Franco.

Al comenzar 1966, de los sesenta y nueve obispos españoles, tres eran nonagenarios y otros tres octogenarios; con más de setenta años de edad había dieciséis. El más joven, con treinta y nueve años, era Gabino Díaz Merchán, que empezó entonces su ascenso: fue arzobispo de Oviedo y presidente de la Conferencia Episcopal durante parte de los años ochenta: apenas encontró motivos de crítica al Gobierno de Felipe González. El nombramiento de obispos se hacía mediante una terna de nombres elaborada por el Gobierno español y el nuncio, que luego éste remitía al Vaticano y de la que el Papa elegía a uno. Entre 1968 y 1974 se nombraron cuarenta y cinco obispos, la mayor parte auxiliares. Cuando en 1972 Tarancón llega al obispado de Madrid y la presidencia de la Conferencia Episcopal, el cambio en la jerarquía de la Iglesia, anticipo del cambio político, ya se había realizado. Con Dadaglio, la elaboración de las ternas para cubrir las vacantes y los nuevos obispados se convirtió en una batalla con las autoridades franquistas. Gonzalo Fernández de la Mora, ideólogo y ministro del régimenn narra un episodio significativo en sus memorias, *Río arriba*. Ocurrió dos días después de una reunión entre el ministro de Asuntos Exteriores, Gregorio López Bravo, y el nuncio, en la que éste había pretendido que el ministro aprobase una terna. Dadaglio consiguió una audiencia de Fernández de la Mora, subsecretario de Asuntos Exteriores, cuando el ministro estaba de viaje.

Se presentó con su manteo, su solideo, su faja y su pectoral.

—Es cuestión de poco tiempo. Ya está consensuada la lista de los obispos que cubrirán las sedes vacantes, y se la traigo para que me la firme en nombre del ministro ausente.

Quizá en otras circunstancias hubiera sorprendido mi buena fe, pues no podía comprender que un nuncio se comportara así. Pero, excepcionalmente, estaba recién informado de que no había habido acuerdo.

—Así es que el ministro le ha dado su conformidad plena.

Radicalizó su táctica y me dijo con gesto beatífico:

—Efectivamente. Todo está acordado y sólo falta la pequeña formalidad de su firma.

—Pues lamento no poder complacerle, porque no tengo facultades delegadas, y porque pasado mañana regresa el ministro, quien podrá rubricar la lista que usted me trae. Algunas sillas episcopales llevan meses vacantes, y cuarenta y ocho horas más no son un problema.

Empalideció de ira contenida, y me advirtió:

—El Santo Padre sabe que ahora estoy con usted y espera mi llamada para, inmediatamente, hacer los nombramientos. Le entristecerá su negativa.

—Señor nuncio, cuando venga a este despacho a hablarme en mi calidad de subsecretario de un Estado soberano, le ruego que nunca se remita a su santidad, como supuesta presión sobre mis sentimientos. Le ruego que se refiera a la Secretaría de Estado vaticana, de la que usted depende.

Ése fue mi primer contacto serio con quien se mostró como el doble en España de Pablo VI.

Años más tarde, durante el secuestro del general Villaescusa y del empresario Oriol, Fernández de la Mora y dos personas más pidieron a Dadaglio que transmitiese a Pablo VI el ruego del Gobierno y de muchos católicos españoles para que pronunciase unas palabras en favor de ellos. El nuncio se negó a realizar la gestión.

En el mismo año 1966, un grupo de sacerdotes tramó un plan para someter a los obispos a sus deseos y provocar la ruptura de la Iglesia con el régimen mediante un manifiesto que recibiría la acostumbrada cobertura internacional. La jerarquía descubrió la llamada *Operación Moisés* y consiguió anularla, aunque, como expone el historiador César Vidal, que la ha estudiado, «sus ramificaciones permanecerían prácticamente incólumes».[8]

Algunas órdenes religiosas, los jesuitas en primera fila, que habían sido restablecidos en España por el régimen, pues la República los había disuelto, se convertirían en punta de lanza de actitudes a menudo abiertamente subversivas no sólo contra el franquismo, sino contra la democracia liberal.

Estas nuevas tendencias se concretaron enseguida en la cobertura religiosa a las actividades antifranquistas, es decir, comunistas en su inmensa mayoría. Por entonces incluso los nacionalismos regionales eran promovidos en gran medida por los comunistas, dada la escasa combatividad de los nacionalistas propiamente dichos. Las Comisiones Obreras, pronto infiltradas y dominadas por el PCE, debieron buena parte de su consolidación a los locales y otras facilidades que les ofrecía un amplio sector del clero. En esos locales, unas veces parroquiales, otras de colegios, y bajo la mirada benévola de aquellos sacerdotes, se fundaron grupos sindicales o se planificaron huelgas y manifestaciones, o se daban seminarios de formación política en un sentido inequívocamente marxista, esto es, antidemocrático. La policía tenía gran dificultad para controlar o reprimir aquel movimiento, pues ello entrañaba el choque con parte de la Iglesia. En los locales de los capuchinos se fundaría también en 1966, el Sindicato Democrático de Estudiantes de Barcelona, otra organización que se presentaba como apartidista pero estaba dirigida por los comunistas. Poco después se producía la célebre «capuchinada»: unos ciento treinta sacerdotes y religiosos se manifestaban en la vía pública por los malos tratos de la policía a un estudiante. Un alboroto de sotanas resultaba un espec-

8. http://revista.libertaddigital.com/quien-dirigio-la-accion-moises-1275762816.html y http://revista.libertaddigital.com/y-2-cual-era-el-objetivo-de-la-accion-moises-1275763003.html

táculo realmente insólito, y provocó los más variados comentarios. También en un local eclesiástico se fundaría, a finales de 1971, la asamblea de Cataluña, asimismo orquestada por la sección catalana del PCE.

Entre tanto crecía en las Vascongadas un nuevo movimiento, la ETA, mezcla de ideas de Sabino Arana y de Lenin, con pretensiones de desempeñar, mediante el terrorismo, el papel del FLN en la guerra de independencia argelina o el de Castro en Cuba. Durante bastantes años no se sintieron capaces de cometer asesinatos, aunque considerasen que los funcionarios públicos debían ser atacados «sin otro sentimiento que el que se posee frente a las plagas que hay que exterminar», como indicaba uno de sus ideólogos, Federico Krutwig. En 1965 la ETA comenzó su IV asamblea en la casa de ejercicios espirituales de los jesuitas en Azpeitia, y emprendió una campaña de atracos a bancos. Su labor de captación fue muy estimulada por una red de «escuelas sociales», llamadas también «universidades populares», montada por el clero «progresista» para difundir ideas «avanzadas», esto es, un adoctrinamiento político marxista-secesionista.

Sin embargo, el verdadero salto adelante lo dio la ETA en junio de 1968, asesinando al guardia civil José Antonio Pardines. Lo narra uno de los participantes, Sarasqueta:

> El guardia civil nos daba la espalda, de cuclillas mirando el motor por la parte de detrás. Sin volverse, empezó a hablar: «Esto no coincide...». Txabi sacó la pistola y le disparó en aquel momento. Cayó boca arriba. Txabi volvió a dispararle tres o cuatro tiros más, en el pecho. Había tomado centraminas y quizá eso influyó. Era un guardia civil anónimo, un pobre chaval.

Y comenta Juaristi:

> No fue un enfrentamiento, no fue la heroica lucha de un guerrillero contra un enemigo prevenido, sino un asesinato, como el del nazi que dispara sobre el judío arrodillado junto a una zanja en los bosques de Lituania.

Un crimen gratuito, sórdido y sin asomo de épica, realizado por un estudiante semidrogado. Poco después el asesino y su acompañante serían sorprendidos por la Guardia Civil, que mató al primero al intentar este sacar su pistola. La ETA, el PNV, la oposición antifranquista y significadamente el clero sabiniano, transformaron este doble episodio de muerte en un relato, entre heroico y martirial, de lucha por la libertad y venganza represiva. A partir de entonces se multiplicarían en Vizcaya y Guipúzcoa las misas y las homilías más o menos abiertamente a favor de la ETA.

Luego, ante el «Juicio de Burgos» en que desembocarían aquellos episodios, los obispos de Bilbao y San Sebastián, Cirarda y Argaya, hicieron leer en todas las iglesias de sus diócesis una pastoral atacando el procedimiento judicial y condenando las violencias «estructurales, las subversivas y las represivas». En tales circunstancias, el documento beneficiaba a la ETA, a favor de la cual, como víctima, movía a la opinión. A su vez, el nuevo abad de Montserrat, Cassià Just, rechazaba en *Le Monde* el compromiso de la Iglesia con un régimen que condenaba «al pueblo» por el único crimen de oponerse a Franco. Así, los terroristas no estaban presos y enjuiciados, al parecer, por los asesinatos cometidos, sino por ser pueblo y oponerse a Franco, y por su «patriotismo vasco».

El mito de la «reconciliación»

El despego de la jerarquía eclesiástica con respecto al régimen se acentuó en 1969 cuando el papa Pablo VI reconvino públicamente a los obispos españoles y al franquismo, tomando partido por el clero *progresista*. La advertencia papal despertó auténtica indignación en los criticados, y un obispo llegó a acusar al papa de apoyar al terrorismo, según relata el cardenal Tarancón. Los nuevos aires soplaron con más fuerza en septiembre de 1971, cuando Tarancón y el jesuita Martín Patino impulsaron una gran asamblea de obispos y sacerdotes para rechazar el concordato de 1953 y cuestionar el respaldo a Franco durante la guerra, apoyando confusamente al Frente Popular y la versión de la historia tipo lucha de clases. No dejaba de tener una finura peculiar ese rechazo hacia quienes habían salvado a la Iglesia del exterminio, hacia quienes los obispos habían estado apoyando casi unánimemente hasta tan poco antes. Según monseñor Fernando Sebastián, ex arzobispo de Pamplona, esa asamblea «marca la inflexión pública en el tono y la actitud de la Iglesia española en relación con el ordenamiento jurídico y político de la sociedad española».[9] Se puso a votación la siguiente proposición:

> Si decimos que no hemos pecado hacemos a Dios mentiroso y su palabra ya no está en nosotros (IJn 1, 10). Así, pues, reconocemos humildemente y pedimos perdón porque no siempre supimos ser instrumentos de reconciliación en el seno de nuestro pueblo, dividido por una guerra entre hermanos.

«Fue la primera vez que en la Iglesia española se habla de reconciliación, de forma pública y colectiva», sigue diciendo Sebastián. Aunque la proposición no fue aprobada, representaba el sentir del clero ascendente.

Sería largo detallar las homilías y los préstamos de iglesias para concentraciones políticas, encierros y protestas casi siempre de signo comunista más o menos claro, que se sucedieron a lo largo de esos años. Otro encontronazo espectacular ocurrió en febrero de 1974, tan sólo tres meses después del asesinato de Carrero Blanco. El nuevo obispo de Bilbao, Añoveros, mandó leer en sus parroquias una homilía de ribetes sabinianos, asemejando la salvación cristiana a las concepciones separatistas sobre los vascos. La homilía fue difundida ampliamente en fotocopias, dentro y fuera de España. El régimen acusó la bofetada, y trató de expulsar a Añoveros, pero el resto del episcopado hizo causa común con él, y Tarancón tenía prevista la

9. http://infocatolica.com/blog/veritasincaritate.php/aportacion_de_la_iglesia_catolica_a_la_d_2

excomunión contra la autoridad que intentase su expulsión. El gobierno tuvo que tragar quina y pasar por el aro.

Los eclesiásticos *progresistas* solían agitar la bandera de los derechos humanos, lo cual no resultaba del todo convincente al considerar su talante abierto y comprensivo con respecto a partidos tan dudosamente democráticos como los comunistas, también hacia sus regímenes e incluso hacia los terroristas de izquierda y, desde luego, los secesionistas, a quienes beneficiaban claramente. Marchaban hombro con hombro al lado de sus antiguos enemigos y perseguidores. Los comunistas llegaron a hablar de imponer su régimen «con la hoz y el martillo en una mano, y la cruz en la otra». Si bien ni ellos ni las demás izquierdas o los terroristas guardarían gratitud alguna por la colaboración de aquellos sorprendentes compañeros de viaje.

La palabra clave era el «diálogo», y en esa perspectiva apareció la revista católica *Cuadernos para el Diálogo*, una publicación de circulación no masiva, pero muy influyente en sectores intelectuales y universitarios, fundada en 1963 por Joaquín Ruiz Giménez, antiguo ministro de Franco. El radicalismo dialogante quedaría de relieve unos meses después de la muerte de Franco, cuando Solzhenitsin visitó España e hizo su célebre denuncia del régimen soviético. La oposición prácticamente en pleno replicó con una oleada de ataques extremadamente insultantes contra uno de los grandes testigos de la barbarie del siglo XX, pero fue probablemente en la citada *Cuadernos* donde se publicaron las diatribas más descalificatorias, defendiendo incluso la utilidad del Gulag para personajes como el premio Nobel de literatura.

Felipe González vio clara la conveniencia de respaldar a los movimientos de izquierdas dentro de la Iglesia para introducir el cambio social a favor del PSOE:

> Hoy es necesario ir más allá de los socialistas y de los comunistas, no se puede desconocer el nacimiento de nuevas fuerzas de izquierda en el interior de la Iglesia, debido a un proceso de radicalización

> que se está desarrollando en la base. Estos militantes católicos deben ser integrados en el proyecto de la izquierda. Evidentemente, no se pueden identificar ni con los socialistas ni con los comunistas, aunque están alineados con unos y con otros. Los católicos-progresistas constituyen un sector con personalidad propia que está en la base de ciertos movimientos, sindicatos y partidos, y hay que tenerlos en cuenta.[10]

Aunque no es fácil establecer la relación de causa y efecto, parece razonable la idea de que estos drásticos cambios de actitud tuvieron alguna relación con otro fenómeno de la época: la rápida baja de la práctica religiosa y de la asistencia a misa, el hundimiento de las vocaciones sacerdotales y el «cuelgue de hábitos» por parte de muchos clérigos y monjas, particularmente entre los de ideas *progresistas.*

Pero sería un error creer que toda la Iglesia marchaba en la misma dirección. En ella podían distinguirse tres corrientes. Una, minoritaria y representada por el obispo Guerra Campos, permanecía leal al régimen; otra, posiblemente mayoritaria, trataba de preparar un relevo no traumático del franquismo sin romper del todo con él, línea defendida por Tarancón; una tercera se comprometía abiertamente con los extremismos de izquierda o los separatismos.

Como balance general, cabe señalar que la Iglesia desempeñó un papel muy relevante en la formación de un ambiente social propicio a las libertades y a un cambio político moderado, así como al desarrollo, dentro del propio franquismo, de los sectores reformistas que harían la Transición democrática. Pero el saldo negativo es también muy importante: su contribución al renacimiento de viejos odios, y su impulso al marxismo y a movimientos terroristas y secesionistas que se convertirían en verdaderos azotes de la democracia, y que probablemente no habrían llegado a cuajar o a cobrar tanta fuerza

10. Guidoni, P. (ed.), *Spagna dopo Franco: apuntamento con il socialismo*, Lerici, Cosenza 1976, pp. 78-79.

sin el amparo recibido de los medios eclesiásticos de ideas pretendidamente avanzadas.

Acabamos con estas palabras de Sebastián:[11]

> Se podía pensar que este proceder de la Iglesia [en los últimos años del franquismo y la Transición] traería la desaparición del anticlericalismo en la vida española. Y así fue durante algunos años. Luego, inexplicablemente, hemos visto surgir de nuevo los conflictos, han aumentado las distancias, de tal manera que algunos tienen la sensación nada tranquilizadora de que la situación actual se va pareciendo demasiado a la de los años treinta.

11. http://infocatolica.com/blog/veritasincaritate.php/aportacion_de_la_iglesia_catolica_a_la_d_3

EL PCE, CARRILLO Y EL FRANQUISMO

PARA entender con qué mimbres se hizo el cesto de la Transición conviene atender a un aspecto que a menudo se pasa por alto: el carácter, reflejado en su historial, de los partidos y políticos protagonistas, sobre todo del PCE y el PSOE, cuya tradición totalitaria y policíaca nunca ha sido del todo erradicada. Sin embargo, en versiones popularizadas de la Transición suelen aparecer ambos partidos como los artífices del cambio democrático. Vale la pena, por tanto, explicar, aun si a grandes rasgos, su trayectoria y con qué bagaje llegaban a la Transición.

Al terminar la Guerra Civil, el PCE fue el único partido de los vencidos que siguió luchando contra el franquismo, corriendo para ello muy graves riesgos. Los vencedores consideraban al comunismo el enemigo principal, el que podía crear en España una guerra de guerrillas, como en Rusia, Yugoslavia o Francia, y arrastrar al país, de un modo u otro, a la gigantesca contienda. Peligro tanto mayor conforme la guerra mundial se tornaba más favorable a los anglosajones y a Stalin. De hecho, los esfuerzos del PCE, frustrados una y otra vez por la policía, buscaban desde el principio organizar la guerrilla, aprovechando los grupos de huidos desde la Guerra Civil, que practicaban un bandolerismo de subsistencia. Para ello existían, en principio, excelentes condiciones: estrecheces económicas, incluso hambre, en gran parte de la población, resentimiento por la muy dura represión de posguerra, inseguridad ante el futuro dentro del propio régimen, etcétera. Y hacia el final del conflicto mundial, las condiciones mejoraron de modo espectacular, pues casi nadie creía que el régimen pudiera resistir las presiones o la invasión de los tanques useños. Entonces el PCE, partiendo de sus experimentados militantes en la resistencia francesa, articuló el *maquis*, así llamado por imitación de dicha resistencia. A ese movimiento quiso arrastrar, con muy poco éxito, a los demás partidos exiliados. Con extraordinaria tenacidad, el *maquis* se prolongó hasta 1949 (luego quedaron algunos restos), pero fracasó.

¿Por qué no logró el PCE atraerse a los izquierdistas y separatistas exiliados? Porque casi ninguno de ellos tenía ánimo combativo, y preferían que los Aliados triunfantes les regalasen el poder. Además, recordaban la experiencia de la Guerra Civil y el significado de las consignas de libertad y democracia en boca de los comunistas —si bien, por lo demás, los partidos exiliados tampoco tenían nada de democráticos—. ¿Y por qué fracasó el *maquis*? Ante todo porque no arraigó entre la población y pronto volvió a derivar, en gran medida, en bandolerismo. Ello resulta chocante, habida cuenta de las favorables circunstancias internas y externas. Pero todo parece indicar que, pese a las difíciles condiciones de vida y del bloqueo internacional, la mayoría de la gente prefería al franquismo, fuera por haber vencido a la revolución en la Guerra Civil, fuera por haber tenido a España al margen de la guerra mundial, o por ambas cosas. Además, a partir de 1943, el hambre había descendido a los niveles habituales en la República, aunque en 1946 volviera a subir en flecha, debido al bloqueo internacional.

La derrota de la línea violenta obligó al PCE a una política más cautelosa y a largo plazo, centrándose en infiltrar los sindicatos, los medios universitarios e intelectuales, la prensa, etcétera, con vistas a llegar a una huelga «nacional» en la que debían participar otras muchas fuerzas políticas, al lado de los comunistas y dirigidas por ellos. Sin descartar el recurso a la insurrección o la guerrilla si las condiciones volvían a mostrarse propicias. A mediados de los años cincuenta, Carrillo impuso una política que llamó de «reconciliación nacional», un nuevo nombre para la estrategia tradicional marxista de controlar una amplia alianza con fines supuestamente democráticos y como paso intermedio para implantar el socialismo bajo la dictadura «del proletariado», es decir, del PCE. El cambio, más aparente que real, salvo por el hecho de abandonar tácticamente la lucha armada, se acentuó debido a otros cambios en la Unión Soviética tras la muerte de Stalin y la denuncia de algunos de sus crímenes por Jrúschof. El PCE, no se olvide, nació y creció como un partido agente de la URSS, «patria del proletariado» a cuyo servicio estaba ante todo, situación que sólo cambiaría parcialmente desde 1968.

Hasta ese año, también, puede afirmarse que el PCE fue el único que luchó real y sistemáticamente, aun si con poco éxito, contra la dictadura de Franco. Hubo atentados anarquistas, pero esporádicos; y los demás —socialistas, separatistas vascos y catalanes, republicanos— no hicieron resistencia u oposición digna de tal nombre. En 1968 comenzó su sangrienta carrera el terrorismo nacionalista vasco de la ETA. Las acciones de los monárquicos antifranquistas y similares nunca rebasaron el nivel de la intriga.

La política comunista empezó a fructificar en los años sesenta, gracias a la liberalización del franquismo y la evolución de la Iglesia. Se desarrolló de forma semilegal en el movimiento de Comisiones Obreras y en el estudiantil, con los habituales membretes «democráticos». El PCE dio así algunos quebraderos de cabeza al régimen, pero sin lograr ponerlo en peligro. Desde 1968 la tradicional combinación comunista de lucha armada y pacífica adoptó una forma peculiar, con la acción pacífica a cargo del PCE y la armada a cargo de la ETA, que también se proclamaba a veces marxista-leninista. No fue una coordinación orgánica y deliberada, pero en la práctica funcionó así. Al PCE no le gustaba mucho la ETA ni a la ETA el

PCE, pero existió una permanente solidaridad política y propagandística de los comunistas hacia los «patriotas vascos» —menos pronunciada a la inversa—, eficaz en campañas contra el régimen.

Así, después de tantos años de riesgos y esfuerzos, el PCE disponía en España de una red organizativa pequeña, pero mucho mayor que cualquier otro grupo opositor, bastante mayor incluso que todos ellos juntos. También contaba con una extraordinaria proyección internacional, gracias a la influencia de las dictaduras comunistas (que abarcaban a un tercio de la humanidad, recuérdese), y de los «partidos hermanos» en países próximos, sobre todo Italia y Francia, de gran utilidad para dar repercusión mundial a sus operaciones políticas. Un caso destacado fue la campaña en torno a Julián Grimáu, en 1963. Grimáu había sido el clásico policía estalinista durante la Guerra Civil, complicado en las checas y el terror, no solo contra la derecha sino también contra el POUM y los anarquistas. Jorge Semprún encuentra sospechoso su envío a España por Santiago Carrillo, sabiendo a lo que se exponía, pues normalmente no pasaban al interior personas con responsabilidades como las de Grimáu. En todo caso la campaña contra su condena a muerte y fusilamiento mostró la musculatura internacional del PCE, con manifestaciones multitudinarias en ciudades de Europa e Hispanoamérica, cientos de miles de telegramas de todo el mundo, peticiones incluso del Papa, etcétera.

A fines de los años sesenta tanto Comisiones Obreras como el movimiento estudiantil estaban en crisis, pero las perspectivas generales mejoraban: Franco envejecía, y sin él no parecía viable la continuidad del régimen. El PCE lanzó su «Pacto para la Libertad», que, en conjunción con la huelga nacional pacífica, debía no se sabe bien si derrocar al Caudillo o aprovechar su eventual fallecimiento. Los comunistas cosecharon algunos éxitos aglutinando en torno a sí, si bien de forma laxa, a algunas personalidades democristianas y monárquicas (como Ruiz Giménez, Satrústegui o Areilza), y a grupos variopintos, desde cristianos radicalizados a pacifistas, separatistas, socialdemócratas, y demás, muy poco representativos. Esos éxitos, notables pese a todo, hacían cundir dentro y fuera de España, el temor a que, a la muerte de Franco, el PCE se llevara el gato al agua, gracias a su veteranía, organización y combatividad superiores al resto. Sería muy peligrosa la repetición en España de la experiencia portuguesa, cuyo golpe militar o «revolución de los claveles» había originado un período confuso y semi-revolucionario que sólo con gran dificultad fue hecho retroceder.

El PCE pregonaba como un timbre de honor sus desacuerdos no fundamentales con Moscú, exigía perentoriamente la democracia, y su líder Carrillo se presentaba, no como apóstol del comunismo, sino de la libertad, pese a no haber abandonado el marxismo leninismo, y a su privilegiada relación con tiranías como las de Ceaucescu, Honecker, Kim Il Sung o Fidel Castro. Visto como personaje de gran futuro político, a Carrillo le rodeaba la admirativa simpatía de periodistas e intelectuales renombrados, desde Oriana Fallaci a Carmen Díez de Rivera, pasando por Regis Debray y Max Gallo, que le crearon una leyenda romántica como luchador contra la dictadura, el único dirigente que había luchado contra ella desde el principio hasta el final. Ante unas y otros, Carrillo se explayaba sobre la democracia necesaria para España, sobre su respeto y el de los comunistas en general por las libertades, invocadas siempre, con Stalin y sin Stalin; o sobre sus apasionantes experiencias de combate desde la Guerra Civil, en contraste con las anodinas vidas sin riesgo, un tanto vulgares y burocráticas, de tantos otros opositores, muchos de ellos de última hora: los jefes socialistas, monárquicos y tantos otros. Algo de verdad tenía todo aquello, pero aun mucha más falsedad. Carrillo nunca había luchado por la democracia, y su carrera dentro del PCE se parecía mucho más a la de un intrigante hábil e implacable que a la de un combatiente; y abundaba demasiado en episodios oscuros, «de sangre y de mierda», como los calificó Jorge Semprún. Pero dentro de la fundamental reconciliación con olvido de los viejos odios, conseguida ya bajo el franquismo, casi nadie sabía o quería saber nada de ello.

Carrillo tuvo una carrera meteórica en el PSOE. En 1934, a los diecinueve años, fue nombrado secretario general de las Juventudes Socialistas y contribuyó a radicalizarlas al máximo. Partidario de la línea *bolchevique*, temida y denostada por Besteiro, apoyó a Largo Caballero, el *Lenin español,* y formó parte del comité que preparaba la Guerra Civil, en sus propias palabras. Durante aquellos meses, hasta la insurrección de octubre, Carrillo y su equipo convirtieron a sus juventudes en un auténtico grupo terrorista, que cometió numerosos asesinatos, acumuló armas y organizó el espionaje de las ideas políticas de los vecindarios (como haría la ETA andando el tiempo). Lanzada la insurrección, Carrillo fue detenido con otros jefes en un piso de Madrid, sin mayor pena ni gloria. En la cárcel, lejos de cambiar de postura, se radicalizó aun más, proponiendo una bolchevización a fondo del partido y amenazando muy directamente a los moderados. Carrillo tuvo un papel importante en la ruina de la República, y en sus memorias se revela tan orgulloso de sus actos como cuando era joven... aunque ello no le impide presentarse como defensor de la República democrática, así escriben algunos la historia.

Reanudada la Guerra Civil en 1936, Carrillo se pasó al Partido Comunista, llevándose consigo las juventudes del PSOE, para indignación de Largo Caballero; de octubre a diciembre de ese año fue consejero de Orden Público en Madrid y no hay duda razonable de su responsabilidad en las matanzas de Paracuellos. Pasaría después por diversos cargos burocráticos, ninguno de combate en el frente, como pretenderá más tarde, y ya en el exilio, subió a responsable de organización del partido, desde América, demostrando un celo encarnizado en hundir cualquier autonomía de los militantes que en España, arriesgando muy literalmente la vida, pugnaban por reorganizar el partido. Los casos más clamorosos fueron los de Quiñones, un verdadero héroe que quedó lisiado a consecuencia de brutales palizas en los interrogatorios, y por ello hubo de ser fusilado sentado. Carrillo y los jefes cómodamente instalados en México decretaron que Quiñones era un traidor y un «espía inglés», y lo expulsaron mientras permanecía en espera del paredón. Quiñones había menospreciado las directrices de América, las creía ajenas a la situación de España, y ello no le fue perdonado. En sus memorias Carrillo insiste en justificar de un modo vil aquel suceso.

Por la misma causa —un exceso de iniciativa para el gusto de Carrillo— fue asesinado el dirigente comunista Gabriel Trilla, y otro más, Jesús Monzón, se libró al ser detenido por la policía. Los dos habían organizado la guerrilla y la frustrada invasión por el valle de Arán en 1944. Hubo otros casos parecidos. Carrillo tuvo responsabilidades en el *maquis* posterior, siempre burocráticas y desde el extranjero. Mostró buen instinto al apoyar a *la Pasionaria*, a su vez apoyada por Stalin, en las luchas internas del partido, lo que le permitió convertirse en poco tiempo en el verdadero jefe. Fracasado el maquis, siguió librándose de competidores mediante la expulsión orquestada con campañas de infundios; sin tener escrúpulo en adoptar, llegado el caso, los puntos de vista de los expulsados, como en el caso, ya en los años sesenta, de Fernando Claudín y Jorge Semprún, el segundo de los cuales había afrontado la clandestinidad en España, siempre al revés que Carrillo.

En fin, una biografía ni muy romántica, ni muy heroica, ni muy democrática. La carrera, más bien, de un burócrata estalinista ávido de poder, afecto al terror, guiado por el marxismo leninismo desde el principio hasta el final, aunque, ya en la Transición, dijo abandonar el leninismo para quedarse con el marxismo. Y sin embargo, debe insistirse, líder del partido mejor organizado, con cuya actitud debía contarse por fuerza.

Sin embargo, la democracia condujo con bastante rapidez a la crisis del PCE y del propio Carrillo. Su invocación a su larga lucha contra el franquismo atrajo a menos del diez por ciento de los votantes en las primeras elecciones. El gran beneficiado fue el PSOE. Casi treinta años más tarde, unas cuatrocientas figuras de la vida pública (políticos, cantantes, periodistas, comunicadores...) homenajearon en marzo de 2005 al viejo líder comunista. Fue un acto con un tinte de desagravio irónico.

Como he escrito en *Franco para antifranquistas*, la reforma democrática realizada por y desde el franquismo (aunque no por todo él) implicaba que la dictadura había nacido de unas circunstancias históricas que la justificaban, y volvía a justificarla al tomarla como base para una vuelta a la democracia sin ruptura. Democracia fallida en la República desde 1934.

¿Qué significaba el homenaje a Carrillo, con la retirada de la estatua de Franco como guinda? Ni más ni menos que la vuelta a aquella ruptura inalcanzada durante la Transición, y que los homenajeantes consideraban ya posible, por fin, con el gobierno de Rodríguez surgido en buena medida del manejo de la matanza del 11-M, manejo que desvió del terrorismo islámico la culpa del crimen, para descargarla sobre Aznar y el PP. Se trataba de una «segunda Transición», aunque el término dejó de usarse pronto. La primera Transición había sido desde el franquismo a la democracia; la segunda, sería desde la democracia a otra cosa, y esa otra cosa la simbolizaba Carrillo mejor que nadie.

EL PSOE, TRIUNFADOR POR SU DEBILIDAD

Siglas con una historia siniestra

AL llegar la Transición, el PSOE era un partido marxista, lo que quiere decir totalitario. Por marxista era también un partido radical y hasta visceralmente antifranquista, pero, al revés que el PCE, no llevó a cabo ninguna lucha práctica contra la dictadura, una vez perdida la Guerra Civil, aunque, precisamente, el PSOE había sido el elemento más directa y abiertamente responsable de dicha guerra. A lo largo de ésta se había visto desplazado por el PCE como partido hegemónico del Frente Popular, lo cual provocó una profunda división en su seno, sufriendo su fracción perdedora, la de Francisco Largo Caballero, una auténtica persecución de sus compañeros favorables a Juan Negrín y al PCE. Negrín, por cierto, personalizó la etapa de mayor corrupción del PSOE —un partido nunca excesivamente escrupuloso con el dinero público—, cuando la compra de armas en el extranjero dio lugar a grandes negocios con material de ínfima clase, que pagaban a veces los soldados izquierdistas con su sangre en el frente. Hechos suficientemente documentados por el historiador Francisco Olaya y otros.

Terminada la guerra, pues, el PSOE no se planteó siquiera una resistencia organizada en España. Sus líderes exiliados, en especial

Prieto y Negrín, estaban por entonces ocupados en sus disputas por la posesión del célebre cargamento llevado a México por el yate *Vita*, un fabuloso tesoro expoliado al patrimonio artístico e histórico nacional, a particulares, a la Iglesia y hasta a los montes de piedad. El control de aquel tesoro, parcialmente cuantificado por el socialista Amaro del Rosal, tenía la mayor importancia para hacerse con el control político de los exiliados, a través de organismos de ayuda y subvención (el SERE, de Negrín, y la JARE, de Prieto). En la pugna por el botín, que, por su carácter novelesco justificaría una película, participó asimismo el PNV, pero Prieto demostró más destreza y, poniéndose de acuerdo con el presidente mexicano Cárdenas, conocido por su corrupción —extraordinaria incluso para lo habitual en el PRI—, se hizo finalmente con el tesoro. Mientras tanto, Largo Caballero protestaba y exigía, infructuosamente, cuentas de aquellos manejos.

La mayoría de las izquierdas republicanas y de los socialistas, así como los anarquistas, tenían pésimo recuerdo de su alianza con el PCE en el Frente Popular, no en vano se habían alzado contra él y contra Negrín en una Guerra Civil dentro de la Guerra Civil. Por esa razón Negrín se vio progresivamente relegado, pese a disponer de otros muchos fondos del mismo origen que los del *Vita*. Y Prieto, muy anticomunista, ganó pronto la dirección de hecho del partido.

Quedaban en las montañas de Asturias algunos grupos de huidos socialistas, que realizaban ocasionales acciones de guerrilla, pero, al revés que el PCE, la dirección exterior del PSOE no planeó en ningún momento organizar una resistencia armada al franquismo, y en cuanto tuvo ocasión evacuó a la mayor parte de aquellos huidos. La política de Prieto y los suyos consistió esencialmente en mantener la influencia sobre los exiliados, aliarse con Martínez Barrio y maniobrar ante los gobiernos hispanoamericanos y anglosajones con vistas a que los Aliados, al terminar la guerra mundial, expulsasen a Franco y volvieran a instalar en el poder al PSOE y las izquierdas republicanas. En general, Londres se inclinaba más bien por una salida monárquica después de desplazar al franquismo, y Washington por una republicana.

Sin embargo, como sabemos, las enormes esperanzas suscitadas hacia el final de la contienda mundial quedaron en nada. Usa e Inglaterra deseaban hundir a Franco, e hicieron todo lo posible por lograrlo... menos invadir España, como deseaban muchos exiliados. No lo hicieron, como explicaría Churchill, por la simple razón de que tal acción llevaría al país, con toda probabilidad, a una nueva Guerra Civil, eventualidad profundamente indeseable cuando Francia e Italia pasaban hambre, se encontraban con la economía desarticulada y con partidos comunistas muy potentes. Buscarse una complicación más en España repercutiría de modo desastroso sobre los planes y trabajos de los países anglosajones por estabilizar la Europa occidental. Franco, a su vez, estaba seguro de que la alianza entre Stalin y las democracias no podía durar mucho, a pesar de las declaraciones solemnes en contrario de Churchill y Roosevelt, por lo que se mantuvo firme y terminaría imponiéndose, derrotando de paso los intentos comunistas de reanimar la Guerra Civil mediante el *maquis.*

Diluidas las esperanzas de volver a España en triunfo aupados en los tanques aliados, los líderes socialistas tantearon todas las posibilidades diplomáticas, incluidos los intentos de acuerdo con los monárquicos. Les favorecían los fuertes vientos antifranquistas que soplaban en Europa y América después de la guerra mundial, y acosaban al régimen sin, no obstante, doblegarlo. Y dentro del país se redujo a casi nada la presencia del PSOE, que, junto con su UGT, había sido el partido más numeroso, organizado y potente de la República. Lo mismo ocurría, por lo demás, con los otros partidos de los años treinta, con la excepción muy relativa del comunista. Debe recordarse que la propia terminación de la Guerra Civil, con las izquierdas enfrentadas a tiros entre sí, había desacreditado a aquellos partidos y líderes, como señala Julián Marías. Había, además, la represión, pero ésta golpeaba muy principalmente a los comunistas, vistos por el Gobierno como el enemigo peligroso, y sólo muy secundariamente a los socialistas, que tampoco daban motivo a ello.

En los años sesenta hubo reorganizaciones socialistas en localidades como Madrid, Bilbao, Asturias y Sevilla, siendo la segunda la que, merced a la acción de Nicolás Redondo y sus compañeros, alcanzó alguna incidencia entre los obreros de los astilleros bilbaínos y otros centros. La militancia madrileña, de clase media y más numerosa, era mucho menos activa. En ambos lugares profesaban un socialismo algo difuso, de sesgo socialdemócrata, mientras que el círculo de Sevilla, también de clase media y en el que destacaban Felipe González y Alfonso Guerra, destacó por su tinte radical, enarbolando un marxismo precario y estridente. Todos ellos constituían en realidad grupúsculos poco combativos, y la dirección del partido permanecía en el exterior, encabezada por Rodolfo Llopis, masón destacado y secretario general desde 1956.

Su corto número no impedía las querellas internas, o el surgimiento de grupos que no aceptaban a los demás, o no acataban la dirección de Llopis: así el de Tierno Galván, que hábilmente se tituló «Partido Socialista del Interior». Pablo Castellano, uno de los líderes más activos en el grupo madrileño, ha recordado en sus memorias, tituladas significativamente *Yo sí me acuerdo,* algunas de las insidias de que le hicieron víctima los sevillanos y el grupo de Tierno, tales como propalar en medios partidistas una carta acusándole de confidente de la policía (en el PSOE abundaban los confidentes, pero no hay prueba alguna de que Castellano lo haya sido). O ataques por ir Castellano en la lista de Gil-Robles para unas elecciones al Colegio de Abogados de Madrid, en 1972, hecho que:

> [...] mereció un artículo en *El socialista* en que se trataba de demostrar cuál era mi inocultable entrega al servicio de la burguesía, en connivencia con el represor de la asturiana revolución de octubre, y mi dudoso perfil de socialista cuando era capaz de ir en tales compañías. El artículo tenía la letra del Sr. Guerra y la música

> del Sr. González y el *copyright* de los que ya andaban preparando la toma de la Bastilla contra los *socialmoderados* o, textualmente expresado en los panfletos internos que se nos dedicaban, los *socialdemócratas agazapados* [p. 158].

Tampoco la escasa militancia, en número y actividad, impedía el florecimiento de una notable picaresca electoral:

> En el Congreso del PSOE del 68 ya hubo problemas con las delegaciones madrileñas, pues asistieron dos, reclamando ambas la legitimidad de su mandato [...]. Repitiose el incidente en el Congreso del 70 [p. 167].

Las triquiñuelas recordaban las del caciquismo de principios del siglo XX:

> Algunos notables aspirantes eternos a la Secretaría General, para disimular su aislamiento y falta de base militante, no tenían reparo en pagar de su bolsillo, congreso a congreso y año tras año, las cuotas de los invariables quinientos compañeros de Guipúzcoa, que nunca existieron pero que daban quinientos votos, para llevar a los congresos el número de delegados que apoyaran su eterna y permanente pertenencia a la Comisión Ejecutiva [p. 170].

El grupo de Sevilla destacó por su virtuosismo en tales maniobras:

> Había maestros en la simulación. Un día quedé realmente sorprendido cuando, para justificar la petición de la necesaria ayuda de los homólogos internacionales, tanto sindicales como políticos, me trajeron la prueba gráfica de pintadas del partido y del sindicato que, según se afirmaba y así podía comprobarse por las fotografías, cubrían copiosamente las tapias y muros de muchas ciudades andaluzas, como prueba de acción y de presencia, y hasta en una de las instantáneas aparecían, de espaldas y armados de brocha o spray, los autores, arriesgándose en plena faena. Después me explicaron, porque

> yo era muy torpe, que estas fotografías se hacían en un garaje, a la luz de los faros de un automóvil, como prueba de la capacidad decorativa y de montaje de quien resultó ser, según él, un acreditado director de escena, perdido por causa de la política para el arte de Talía [p. 171].

Alude, apenas hace falta decirlo, a Alfonso Guerra

Estas habilidades encauzarían hacia el grupo andaluz fondos considerables del exterior, con los cuales desbancarían en su momento a Llopis. Lo explica Carrillo en sus memorias:

> Arrebatarle a Llopis el aparato de las manos había requerido una curiosa triquiñuela. Resulta que la UGT del interior recibía ayuda financiera de la CIOSL. Con esta ayuda la dirección del PSOE en el interior pagaba cuotas a la ejecutiva de Toulouse por un número superior de afiliados al real. Toulouse no tenía modo de verificarlo, pues las reglas burocráticas de la cotización no incluían informar del nombre de los cotizantes, que eran clandestinos. Y Llopis, que quizá en un momento se felicitara del aumento de los ingresos del interior, descubrió en Suresnes que se había quedado en minoría; los cotizantes que le apoyaban desde la emigración eran formalmente menos que los que apoyaban desde el interior al nuevo equipo encabezado por Felipe González [...]. Múgica me contaba el hecho con toda naturalidad, sabiendo que yo simpatizaba más con el nuevo equipo que con Llopis, visceralmente anticomunista [p. 600]

El congreso de Suresnes, de tan extraordinaria relevancia histórica, tuvo bastante, paradójicamente, de festival de la picaresca. Lo precedió otra reunión general en Toulouse, en 1972, ante la cual Guerra había provocado a Llopis con un artículo comparando la necesaria lucha contra el capitalismo con la acción interna para sacudirse «ciertas estructuras» del partido. Llopis, furioso, exigió una rectificación, pero los sevillanos hicieron caso omiso a sus protestas. Entonces Llopis rehusó asistir al congreso y convocó otro. Los del interior siguieron con el suyo, para lo cual tuvieron que descerrajar las puertas del local, pues «Llopis había cerrado todo herméticamente y se había apropiado de las llaves», cuenta Guerra en *Cuando el tiempo nos alcanza* (p. 122). El viejo dirigente comentaría, amargado, que «lo que el franquismo nunca pudo destrozar ni suprimir, el socialismo tradicional, encontraría un día no uno, sino miles, o centenares de miles, de judas en sus propias filas» (*Yo sí recuerdo,* p. 103).

Se desató entonces una carrera por lograr el reconocimiento de la Internacional Socialista, pues de ahí partían los fondos, las relaciones internacionales y la legitimidad. Llopis tenía en principio el reconocimiento, pero los sevillanos habían maniobrado previamente, con habilidades como la relatada por Castellano en relación con la agitación en Andalucía, de modo que los socialistas alemanes, franceses e ingleses, pudieron contrastar el estancamiento de Llopis con el aparente dinamismo y éxito de los sevillanos, de modo que se decantaron por éstos, y Mitterrand y Craxi ampararían el triunfo definitivo del grupo de González-Guerra en Suresnes, en 1974. El secretario general debía ser Nicolás Redondo, pero renunció a favor de González, impresionado por el radicalismo de palabra de éste y de Guerra.

No obstante, había una oposición, sobre todo de los madrileños, y competían por la dirección del partido Pablo Castellano y Enrique Múgica. Ambos estimaron irregulares las circunstancias en que se impuso González. Dos nombrados a la ejecutiva quisieron dimitir como protesta, explicando lo ocurrido, pero Alfonso Guerra desconectó los micrófonos, impidiendo a los asistentes oír sus explicaciones. El propio Guerra explica, recreándose: «Fue una patética escena [...]. Bustelo y Juan Iglesias subieron a la tribuna y se dirigieron al micrófono, que estaba ya desconectado [...]. Castellano y algún otro dio cuenta a los periodistas de que yo les había cortado la palabra (Guerra, p. 140).

Algunos datos significativos del congreso: junto a los representantes de la Internacional Socialista estaban los del movimiento terrorista OLP, los sandinistas y el Frente Polisario, muy ovacionados por los seguidores de Guerra y González. El congreso aprobó la autodeterminación «para las naciones ibéricas» y apreció como «delegación fraterna internacional» al Movimiento Socialista de Cataluña, la nacionalización de la Banca o la república federal, todo ello en el espíritu de la «lucha de clases» y del «internacionalismo proletario». Su radicalismo y sus artimañas no impedían que el PSOE siguiera siendo un grupo insignificante, con pocos afiliados, en gran parte ficticios, y sin historial de lucha antifranquista (aunque con la ventaja de que casi todo el mundo había olvidado su historia real). Y sin embargo, su debilidad iba a transformarse, precisamente, en la fuente de su fortaleza.

Una izquierda domesticada

Desde el accidentado congreso de 1970 en Toulouse, los socialistas venían reorganizándose en el interior de España con permiso evidente del régimen, pese a permanecer oficialmente en la ilegalidad. Aun así, progresaban muy despacio, y en 1975, año de la muerte de Franco, seguían formando grupos insignificantes, siendo los principales el de Tierno Galván, el de Llopis y el de González y Guerra, que se había hecho con el reconocimiento internacional y los fondos correspondientes.

¿Qué llevó entonces a este partido sin historial de lucha antifranquista, con escasas centenas de afiliados muy poco militantes, plagado de rivalidades y confidentes, a protagonizar en buena medida la Transición y la democracia —no siempre, ni mucho menos a favor de la democracia—? Se lo planteaban José Luis Gutiérrez y Amando de Miguel en su clásico ensayo *La ambición del César*:

> ¿Qué situaciones históricas y personales han tenido que concatenarse para que un puñado de sevillanos avispados, desconectados de los profundos movimientos de la oposición democrática al franquismo, se llevaran el santo y la limosna de la transición demo-

crática española tras ver reducido a cenizas al que fuera poderosísimo partido, el Comunista?

Los autores aluden a «maquiavélicas astucias, ausencia de escrúpulos ideológicos o de cualquier otro tipo, maniobras audaces, mezclas armónicas de prudencia y osadía a veces suicida, mucha suerte e incesante búsqueda de un bien obsesivo y supremo: el poder». Ésas fueron condiciones necesarias, pero no suficientes. Personas de ese carácter no escasean en ningún partido, y en la mayoría de los casos se quedan en la cuneta.

A mi juicio, el PSOE se convirtió en el eje de la izquierda gracias, precisamente, a su debilidad. Esa debilidad preocupaba a fuerzas decisivas, dentro y fuera de España, temerosas del PCE e interesadas en un partido de izquierda manejable. Su temor se había acrecentado con la experiencia del golpe militar portugués de abril de 1974, conocido por «revolución de los claveles». El golpe había creado una situación caótica y radicalizada, en la que el Partido Comunista de Álvaro Cunhal hacía su agosto y dominaba parte de las fuerzas armadas de un país miembro de la OTAN; situación que costaría grandes esfuerzos reencauzar. Deriva semejante en España sería harto más peligrosa para Europa, y casi nadie quería correr el albur. Carrillo exhibía actitudes más moderadas que Cunhal, pero pocos confiaban en su eurocomunismo, dada la tradición comunista y su vieja táctica de balar para ocultar los colmillos. Pero éste era el partido que sí había luchado contra la dictadura de Franco, había dirigido manifestaciones, huelgas y protestas, disponía de miles de militantes disciplinados y de una probada organización clandestina capaz de multiplicar su efectividad si se la legalizaba. Por lo tanto, se imponía instrumentar contra él un gran partido de izquierda de tipo socialista, y en ese objetivo coincidían los sectores evolucionistas del régimen —que facilitaban la reorganización del PSOE—, los partidos, los sindicatos y los Gobiernos socialdemócratas europeos, e importantes sectores políticos en Usa e Hispanoamérica.

La preocupación se extendió hasta la extrema derecha alemana, según expone Carrillo en sus *Memorias*. Cuando el caso Flick —proceso por ayudas ilegales a partidos, entre ellos el PSOE, que quedaría investigado sólo a medias— se formó una comisión parlamentaria y Carrillo hizo la siguiente pregunta a Von Brauchitsch, representante de Flick:

> Tengo entendido que el señor Flick fue condenado por el Tribunal de Nuremberg como criminal de guerra nazi. Y creo que usted es hijo del general que fue jefe del Estado Mayor de Hitler. Me supongo que ideológicamente no existe afinidad alguna entre ustedes y el PSOE. Entonces, ¿cómo se explica que ustedes financiasen al PSOE?

El señor Von Brauchitsch no vaciló en la respuesta: «Tratábamos de cerrar el paso al comunismo. Y el partido mejor situado para hacerlo era el PSOE».

La respuesta retrata perfectamente la realidad, tal como las recientes declaraciones del ex presidente Leopoldo Calvo Sotelo: «Creíamos que el PCE podía arrasar en votos [...]. Tal era nuestra impresión que ayudamos con dinero para sus campañas al PSOE de Felipe. Nos dijimos: "vamos a dar dinero a éstos que están muy débiles, para que no se los coma el PCE"». Lo mismo pensaban muchos jefes de gobierno u oposición europeos o los servicios secretos de varios países. Frenar al PCE exigía poner en pie una competencia también izquierdista, también «obrera» e incluso más radical de palabra. El PSOE recibió entonces consejos, expertos, campañas de promoción pública y abundante dinero. Esos medios permitieron al grupo de González ganar voluntades, extender el partido, inventarse una imagen («cien años de honradez») y expulsar sin inhibición alguna a los elementos molestos.

Aunque nadie tenía interés en sacar a la luz aquellos flujos económicos, ilegales o ilegítimos, todo el mundo los sospechaba, y por lo demás casi todos los partidos en gestación buscaban dinero sin reparar demasiado en su origen. La financiación del PSOE durante aquel período (y no sólo durante él) sigue siendo un capítulo oscuro. De vez en cuando se aclara algo, por lo común gracias a disputas internas, como la del final de la Guerra Civil entre Negrín y Prieto por el tesoro del *Vita;* o a través de socialistas decepcionados, como Antón Saavedra, ex secretario general de la Federación Estatal de Mineros de la UGT, en su libro *Secuestro del socialismo.* Saavedra, fantasioso en sus análisis generales, mejora cuando refiere detalles de la vida del partido, que él conoció íntimamente en aquella época.

Vale la pena repetir, por lo significativas, unas frases suyas ya citadas aquí:

> La justificación de los dineros que fluían a raudales desde Alemania se basaba, según el portavoz del SPD alemán, Bruno Fruedelrich, en declaraciones a los medios de comunicación, en febrero de 1976, en que: «Son muchos los socialistas españoles que han sido apresados o encarcelados, y hay que pagar a los abogados o mantener a familias que se han visto privadas de su cabeza. Cuando el PSOE sea legal en España, se podrá convertir en un partido económicamente independiente».

Comenzaba una masiva falsificación histórica:

> Ni que decir tiene que en los últimos años del franquismo no fue procesado un solo dirigente socialista en España. No existía represión generalizada contra los socialistas españoles, y si la hubo fue muy puntual y episódica, nunca de la manera sistemática y continuada como la que recibieron algunos comunistas. Por consiguiente no había familias a las que ayudar. Pero el dinero existía y no sólo de dinero alemán vive el PSOE. Dinero mexicano, venezolano, judío, británico, sueco, austríaco y (no podía faltar) de la CIA norteamericana a través de sus brazos sindicales de la AFL-CIO... Pero la consigna era *sólo para las familias de los detenidos.*

Así, el PSOE contó con apoyos económicos y mediáticos desusados, que ningún partido de su tamaño habría podido allegar por sí solo. Felipe González, elegido secretario general en octubre de 1974 en Suresnes (Francia), fue apoyado por todos los socialdemócratas del mundo libre. En el otoño de 1975 el Gobierno alemán, a través de la embajada, presionó al ministro de Interior, José García Hernández, y al príncipe Juan Carlos, para que se le devolviese a González el pasaporte, que le había sido retirado, y así pudiese asistir al congreso del Partido Socialdemócrata alemán, en Mannheim. Allí, Willy Brandt, reelegido como presidente del SPD, le dio todo su apoyo. A lo largo de 1976 González fue de triunfo en triunfo. En mayo asistió en Caracas a una reunión de dirigentes de partidos socialistas y socialdemócratas de Europa y Latinoamérica. En septiembre acudió como invitado al congreso del Partido Laborista británico, donde pronunció un discurso y le recibió el primer ministro James Callaghan. Michael Foot, futuro candidato a primer ministro en los años ochenta, afirmó que el Gobierno laborista no apoyaría ninguna solicitud del Gobierno español de ingreso en la Comunidad Económica Europea hasta que el PSOE no estuviese conforme con las reformas democráticas. Y en diciembre, al primer congreso socialista celebrado en España desde la guerra, asistieron entre otras personalidades el sueco Olof Palme, el francés François Mitterrand, el italiano Pietro Nenni y el citado Foot.[12] Nunca fue un partido tan mimado desde la derecha y la izquierda: ¡hasta sus propios rivales le daban dinero!

El temor a un PCE tan fuerte como el italiano, que entonces era el segundo partido de su país, hacía pensar a muchos en otra solución: legalizar al PSOE manteniendo a los comunistas fuera de la ley, al menos por un buen período. Había el precedente de Alemania occidental, y ésa era la idea de Fraga, entre otros. El propio González dio a entender que la idea no le parecía del todo mal, que no ligaba su destino al del PCE, lo cual encajaba en una tradición socialista, pues durante la dictadura de Primo de Rivera la UGT

12. Ortuño de Lara, Pilar: *Los socialistas europeos y la transición española (1959-1977)*, Marcial Pons, Madrid, 2005.

había colaborado con el dictador, beneficiándose de las ventajas legales, a fin de de desbancar a sus perseguidos rivales de la CNT.

Otra ventaja de partida del PSOE era la densa ignorancia de la mayoría del público, periodistas y políticos, sobre la historia del PSOE, así como de la República, los separatismos y la guerra. Una argucia con que se justifica la llamada «memoria histórica» es el supuesto adoctrinamiento franquista, pero al menos en los últimos quince años de aquel régimen, se hablaba muy poco de la guerra y la República, y no se estudiaban prácticamente en los institutos ni en la universidad (ese vacío fue ocupándolo, ya durante el franquismo, la versión marxista del pasado, a partir de Manuel Tuñón de Lara) Y el régimen había orientado su artillería ideológica contra el comunismo, dejando aparte a un PSOE que, también es cierto, no le daba problema alguno.

Sin embargo, no había sido el PCE, sino precisamente el PSOE el que, durante la República, había perseguido con mayor violencia su dictadura «proletaria» y la Guerra Civil, a las que sólo Besteiro se había opuesto. Entre 1933 y 1937 los socialistas llevaron la voz cantante en el proceso revolucionario, organizando la insurrección de 1934, creando el Frente Popular y destruyendo la legalidad republicana después de febrero de 1936, incluido el mismo asesinato de Calvo Sotelo. Sólo desde mayo de 1937, ya con la guerra avanzada, había ganado el PCE la hegemonía en las izquierdas. El PSOE sólo había tenido dos épocas de moderación o pasividad a lo largo de su historia: las dictaduras de Primo y de Franco. En cambio había contribuido a demoler el régimen liberal de la Restauración y luego la República. Asombrosamente, la propia derecha había olvidado casi todos estos hechos y ayudaba a la creación de mitos favorables a los nuevos jefes socialistas. Fueron posibles, así, consignas tan asombrosas como la de los «Cien años de honradez», que dio al PSOE autoridad moral indiscutida durante largos años. La ignorancia del pasado tuvo en la Transición un peso mucho mayor del comúnmente reconocido, y de ahí una serie de equívocos y errores políticos que todavía se mantienen, como la afirmación de que el PSOE es el partido de las libertades.

Con tales ventajas emprendió o reemprendió el PSOE su carrera a la muerte de Franco.

Lo peor del franquismo

Ha dicho Gabriel Albiac que el socialismo recoge lo peor del franquismo. Exacto. Quizá sea la mejor definición de ese partido. El PSOE que hoy conocemos no pertenece al grupo de los antifranquistas, pues nunca luchó contra aquel régimen (salvo algún aislado gesto testimonial). Y se reorganizó, ya en los años setenta, con permiso de la Guardia Civil y con apoyos hasta de la extrema derecha alemana, que veían en él un obstáculo al PCE —éste sí antifranquista, aunque, desde luego, nunca demócrata—. Fue un partido completamente infiltrado por la policía, además. Cuando el PSOE acusa al PP de venir del franquismo olvida que los socialistas vienen también de él, de manera muy directa en muchos casos, y recogiendo parte de la clientela de aquel régimen, precisamente la más atrasada, la más afecta a corrupciones como el PER y similares.

Y sobre PRISA, conviene repetir incesantemente esta verdad, hasta que quede bien establecida: procede de modo todavía más directo de la dictadura, y no lo desmienten sus actuaciones. La fortuna del grupo se forjó en estrecha relación con la administración del dictador, y su principal inspirador intelectual hizo su carrera en el aparato de información (o desinformación) de aquel régimen. Y recoge lo peor de él, una vez más.

No es normal, no puede ser normal, que tales travestis se erijan en fiscales y acusen a diestro y siniestro e intenten imponer una verdadera dictadura con invocaciones a la ética o al antifranquismo. Tales modos degradan la política. Mientras sigamos aceptando esa impostura, la democracia no estará asentada. Y asentarla pasa por poner las cosas en claro y recordar la historia tal como fue.

Y he aquí que este partido, sin duda el más nefasto de la historia contemporánea de España, incomparablemente más nefasto que el PCE, en cualquier sentido que se le trate, pretende hoy destruir la herencia de la Transición, tan ventajosa para él, mientras llena el país de corrupción —intelectual, económica, sexual— y, como en la República, se conjura con otros terroristas y separatistas para liquidar la Constitución. Y, elemento clave de su programa, organiza con el dinero de todos los ciudadanos la mentira sistemática sobre nuestro pasado, recuperando las peores propagandas que llevaron al enfrentamiento civil.

Por todo ello sería muy conveniente que alguien abordase en serio una historia veraz de este partido en una síntesis capaz de llegar al gran público. Existen bastantes historias parciales. César Vidal la ha tratado, así como Andrés de Blas y bastantes otros, pero falta, ya digo, el manual de síntesis, bien documentado y ágil. Lo propongo a los historiadores jóvenes. Alguno debe asumir el reto.

OTROS GRUPOS AL QUITE: NACIONALISTAS Y MAOÍSTAS

Los nacionalistas

Algo semejante al PSOE le ocurría a los partidos nacionalistas vascos, catalanes y gallegos en vísperas de la Transición: su implantación era muy débil, su lucha contra el franquismo casi nula,y notable su disfrute de la permisividad policial para rehacerse. La situación del PNV la expresaban informes como el de un jefe nacionalista, *Sarobe*, en 1970, recogido en la historia pro peneuvista *El péndulo patriótico*: «Juntas municipales no existen, salvo en Donosti, donde funciona una». La labor organizativa no avanzaba, y el PNV «ha muerto virtualmente en Gipuzkoa, no representa absolutamente nada en el interior, carece de organización, cuadros y afiliados, por una parte, y de prestigio por otra». Otro dirigente, *Armentia,* informaba de una situación aun peor en Álava, y algo similar pasaba en Navarra. Sólo en Vizcaya los signos eran algo más esperanzadores. Al año siguiente Telesforo Monzón escribía a Irujo:

> ¿Dónde está aquel glorioso PNV que tú y yo hemos conocido? ¿Por qué ha perdido toda iniciativa? ¿Por qué no causa ya el impacto de antes sobre nuestro Pueblo? ¿Dónde está aquella mística, aquel ímpetu, aquel afán de renovación, aquella fuerza que lo invadía todo? ¿De dónde ha nacido ETA con todas sus actuales desviacio-

nes si no es de las entrañas mismas de un Partido anquilosado? Somos muchos los que creemos que el Partido se está suicidando.

El PNV se había formado en la doctrina de Sabino Arana, un secesionismo radical fundado en una mística racista similar a la que cundiría en la Alemania nazi. Había logrado influencia sólo después de 1898, gracias a la crisis moral española que acompañó al «desastre» frente a Usa. Fue uno de los partidos que atacaron al régimen liberal de la Restauración, junto con el nacionalismo catalán, el terrorismo anarquista y el socialismo. En 1923 los separatistas vascos, catalanes y gallegos habían firmado un pacto para, en concomitancia con el terrorismo anarquista y los rifeños de Abd El Krim, intentar la disgregación de España y la lucha armada. Pero el resultado había sido la dictadura de Primo de Rivera, y durante ella los tres nacionalismos cesaron prácticamente su agitación, pese al mínimo rigor represivo. Luego, bajo la República, el PNV volvió a convertirse en un ariete contra las libertades, y de flirtear con el golpismo de derechas pasó a apoyar a las izquierdas revolucionarias, hasta terminar a su lado durante la Guerra Civil... y traicionándolas sin tregua. Durante el franquismo el PNV, como el PSOE, desapareció de hecho como elemento activo. Tras la derrota nazi en 1945 el racismo quedó en entredicho, y el PNV se *modernizó* transfiriendo la mística racial a una mística del idioma: el vascuence sería la seña de identidad, diferenciación e, implícitamente, superioridad de los vascos.

Algo menos racista —aunque también— fue el nacionalismo catalán, y menos separatista: perseguía en principio la hegemonía catalana sobre el resto de la Península, para extenderse imperialmente por África. Un sector nacionalista, el de Cambó, evolucionó hacia un regionalismo españolista, y otro restringió su imperialismo a los llamados «països catalans», al paso que radicalizaba su mensaje en un sentido izquierdista y separatista.

Los dos nacionalismos coincidieron en su activo socavamiento de los dos regímenes de libertades vividos en España (la Restauración y la

República), y sólo obraron con moderación, hasta casi difuminarse, bajo las dictaduras que tanto habían contribuido a traer. Con el franquismo la Esquerra prácticamente se diluyó, así como la Lliga, surgiendo en cambio pequeñas capillas como la de Jordi Pujol, poco operativa pero con medios económicos cuantiosos a través de Banca Catalana, la cual posiblemente se benefició a su vez (un asunto interesante por investigar) del enorme tesoro robado por el PSOE durante la guerra y trasladado a México en el barco *Vita*. Al acercarse la Transición, los nacionalistas catalanes se hallaban en situación semejante a la del PNV.

En Galicia el panorama difería, por cuanto allí el nacionalismo nunca había arraigado gran cosa ni se había mostrado realmente separatista, excepto algunos personajes y momentos aislados. Durante la dictadura de Franco había desaparecido incluso el nacionalismo moderado, surgiendo la UPG, un pequeño grupo extremista y afín al comunismo, de rasgos e intenciones similares a los de la ETA, aunque con mucha menor fuerza operativa.

El anquilosamiento de estos partidos no obedecía a una represión especial por parte del franquismo, porque éste apenas se preocupó del PNV ni de los demás, y en la cárcel apenas había presos procedentes de ellos: la represión del régimen se concentraba en los comunistas y en la ETA. Y de modo parecido a lo ocurrido con el PSOE, también los nacionalistas de imagen moderada iban a beneficiarse de la tolerancia policial: si el PSOE parecía representar la alternativa al PCE, el PNV, e indirectamente los catalanes, debían representarla con relación a la ETA.

Los maoístas

Una presencia casi siempre olvidada al tratar la Transición fue la de los grupos maoístas, que entre todos constituían una potencia no desdeñable, bastante superior a la del PSOE o los diversos nacionalismos, aunque menguada por la división entre ellos: había cinco o seis de esos partidos relativamente grandes (ORT, PCEm-l, MCE,

PCE(r), PTE, Bandera Roja), muy activos —también al contrario del PSOE y nacionalistas— y con cierta influencia en diversas localidades, universidades y zonas fabriles; y aún existían bastantes más grupos menores y dispersos.

Los maoístas procedían del conflicto chinosoviético surgido a principios de los años sesenta entre Mao y Jrúschof, en torno a la valoración de Stalin y a la orientación revolucionaria general. La parte china entendió con lucidez que la crítica de Jrúschof a los crímenes de Stalin ponía en cuestión a todo el movimiento comunista; y que la línea soviética de coexistencia pacífica implicaba supeditar todos los movimientos revolucionarios del mundo a la conveniencia estatal soviética. Aquel conflicto generó escisiones en los partidos comunistas prosoviéticos de todo el mundo, y nacieron nuevos partidos pro chinos invocando la pureza del marxismo-leninismo contra el «revisionismo» soviético. En España algunos de ellos derivaron de la ETA, varios de cuyos dirigentes se proclamaban a su vez marxistas-leninistas.

Después de la derrota del maquis, el PCE procuraba un movimiento de masas poco violento, relegando la lucha armada, pero sin abandonar su posibilidad, por si surgían condiciones propicias; en cambio los maoístas insistían en la importancia de la acción violenta para desenmascarar la violencia burguesa, impulsar la lucha revolucionaria y demostrar que el estado reaccionario podía ser vencido, como en Rusia, China, Cuba, Vietnam, Camboya, etcétera. Fuera de estos acuerdos básicos, cada grupo hilvanaba complejos análisis «de clase» para fundamentar científicamente la estrategia y la táctica necesarias a fin de derrocar al franquismo e implantar la llamada democracia popular, según unos, o un socialismo pleno, según otros. Esas teorizaciones, mezcladas con celos y rivalidades personales, abonaban las divisiones y hasta odios entre grupos.

Aquellos partidos se consideraban, siguiendo el modelo leninista, «vanguardias del proletariado», que debían instruir y dirigir al conjunto de los obreros atrasados y a otras capas de la población mediante «organizaciones de masas» sindicales, juveniles, femeninas, estudiantiles, campesinas, de barriada, etcétera, explotando al efecto las reivindicaciones parciales atribuibles a cada sector, sin reparar en demagogia ni falsedad alguna (una meta tan sublime como el comunismo lo justificaba todo). De ahí que una división clave entre grupos maoístas se manifestase en torno a las Comisiones Obreras, la organización de masas por excelencia y la más exitosa bajo el franquismo. Las CCOO habían surgido espontáneamente en Asturias como delegados de fábricas que actuaban al margen del Sindicato vertical franquista, y el PCE las había extendido y reorientado hacia el Sindicato, a fin de infiltrarlo y apoderarse de él. Admitían un pluralismo político perfectamente ficticio, pues el control comunista era férreo. La mayoría de los maoístas intentaron infiltrarse en las CCOO para arrebatar su dirección a los «revisionistas», haciendo con ellas lo que el PCE quería hacer con los sindicatos verticales. Otros maoístas, en especial el PCE(r) y el PCE (m-l), opinaban que ese objetivo era ilusorio y oportunista y conducía a abandonar la lucha armada, como así había de ocurrir.

A juicio del PCE (m-l) y del PCE (r), la lucha armada debía prepararse cuanto antes, en combinación con el movimiento de masas. El primero creó el FRAP (Frente Revolucionario Antifascista y Patriota), que pretendía imitar las luchas anticoloniales, pero no llegó a más de asesinar a un policía en 1973, y a tres más en el verano de 1975. El PCE (r) defendía una táctica más apropiada a un país capitalista ya bastante avanzado, y diseñó otro método de acción armada más radical y peligroso.

Como fuere, los maoístas no encajaban con la Transición que se iba perfilando en los años setenta, y no se beneficiarían de las tolerancias y ayudas que llovieron sobre el PSOE y, en parte, sobre los nacionalistas de apariencia moderada. Con su retórica violenta, todos ellos se irían diluyendo como azucarillos durante una Transición que no había entrado en sus esquemas teóricos. La excepción, el PCE(r)-GRAPO, requerirá mayor examen, que se mantuvo varios años golpeando, a veces seriamente, al sistema.

EL PROBLEMA TERRORISTA: ETA Y GRAPO

Como ya he indicado, entender la Transición y su espíritu exige tomar en cuenta las actividades, posición y circunstancias políticas de los partidos que de un modo u otro iban a protagonizarla. Y el terrorismo fue una compañía muy relevante de ella.

Un fenómeno llamativo del franquismo es que conforme éste se liberalizaba, aumentaba el tono inconciliable y radical de la oposición, comunista y no comunista, incluida la procedente del mismo régimen, como ha recordado hace poco César Alonso de los Ríos en *Yo tenía un camarada*. El terrorismo sería su expresión extrema pero, como veremos, nada ajena al resto del movimiento antifranquista.

El principal fue el terrorismo nacionalista vasco, que fue formándose lentamente desde 1952, a partir de un grupo juvenil próximo al PNV. En 1960 mató de un bombazo a una niña de veintidós meses, en San Sebastián, pero no es hasta 1968 cuando perpetra su primer asesinato deliberado, el de un guardia civil sorprendido de espaldas y en cuclillas, mientras inspeccionaba la matrícula de un coche. El hecho fue clave, pues a partir de aquel crimen todo cambió para la ETA, hasta entonces uno de tantos grupos radicales de escasa incidencia.

El asesinato que torció la historia

El primer asesinato deliberado de la ETA, tan sórdido como los que seguirían, y del que se han cumplido cuarenta años, puede decirse que torció la historia de España.

Por entonces la sociedad española experimentaba grandes transformaciones. Era el país de más rápido crecimiento económico del mundo, después de Japón, y muchos especialistas auguraban que en un plazo medio superaría a Italia e Inglaterra en renta per cápita; el analfabetismo había sido reducido a niveles mínimos y la enseñanza superior se masificaba, con sus ventajas y sus inconvenientes; la esperanza de vida media se había disparado hacia los primeros puestos del continente; era probablemente el país europeo con menos delincuencia y menos presos en relación al número de habitantes, sin policías privadas ni guardias de seguridad, con un índice de suicidios también de los más bajos, prácticamente sin drogas; circulaba bastante prensa extranjera y la nacional era abundante y más variada de lo que se dice, aun si con ciertas limitaciones: buena parte de ella favorecería subrepticia pero eficazmente a la ETA (y al comunismo); la creación literaria y artística, sin ser brillante, estaba a un buen nivel, cualitativamente superior al actual, en mi opinión; la televisión recibía muchas críticas, pero en conjunto era mucho más decente, en todos los sentidos, que casi todas las actuales. Y así podríamos seguir con muchos datos demostrativos de que aquella sociedad, lejos de hallarse anquilosada, como hoy se pretende, rebosaba de energía.

El propio dinamismo social empujaba hacia una liberalización progresiva, y la actitud popular ampliamente mayoritaria prefería un cambio lento, que no hiciera peligrar lo mucho ya alcanzado, después de tantas convulsiones políticas del pasado. Todavía se recordaba la guerra y la República, y casi nadie deseaba la vuelta de los viejos odios. Esa actitud, implícita o explícita, quedaba de relieve en la dificultad con que progresaba la oposición al régimen. Una oposición básicamente comunista, esto es, más totalitaria que el franquismo. Prácticamente no había demócratas en las cárceles de Franco. La oposición, desalentada tras el fracaso de su penúltimo intento de Guerra Civil mediante el *maquis*, o el de sus huelgas generales, no tenía más remedio que resignarse a una evolución pacífica, al menos por un buen período: Comisiones Obreras, el movimiento más dinámico, empleaba la táctica tradicional de incidir sobre reivindicaciones económicas tratando de darles una orientación política que la inmensa mayoría de los obreros no sentía. Por todo ello la marcha hacia la democracia sólo podría venir de una transformación evolutiva del propio régimen.

Y en este panorama tuvo lugar el primer asesinato etarra, tan bien explicado por Jon Juaristi. Un asesinato que, puede afirmarse, torció el curso de la historia. No por él mismo, ya se entiende, sino porque, como recojo en *Una historia chocante*, de pronto el crimen ganó a los criminales la simpatía de casi toda la oposición —en la que entraba ya un sector considerable de la Iglesia—. Simpatía, y el apoyo consiguiente, en la que aquella oposición se retrataba al natural, sin los ropajes de «democracia y libertades» con que habitualmente se disfrazaba. También logró la ETA el respaldo de gran parte de la prensa europea —generalmente muy circunspecta hacia el Gulag— y de Gobiernos como el francés, el argelino, el cubano, el sueco o el holandés, bien con la oferta de un santuario para reorganizarse y desde el cual operar impunemente, bien con la difusión de una imagen positiva de los pistoleros. Trataré de explicar estas complicidades en otra parte del libro.

Si la ETA no hubiera asesinado, nunca habría pasado de ser uno de tantos grupillos más o menos pintorescos de la época. Pero asesinó, y la extensa colaboración política con sus crímenes la convirtió en una grave molestia para el franquismo. Entre toda la oposición y la presión europea no lograron (no logramos) romper la dinámica de la sociedad española, y finalmente llegó la democracia y no un caos a la republicana. Llegó, insistamos en la siempre negada evidencia, a partir del franquismo, no de la ruptura. A continuación, la ETA se volvió un verdadero cáncer para la democracia. La simpatía proetarra de los antifranquistas se transformó sin esfuerzo en la búsqueda de una «salida política» a costa de la ley, sin excluir el GAL como complemento no menos ilegal. Hasta volver, con el actual Gobierno, a la vieja complicidad abierta, al asumir el gobierno de izquierdas, antifranquista retrospectivo, gran parte de las pretensiones antidemocráticas y balcanizantes sustentadas desde el principio por los asesinos.

El autor de los disparos, Javier, *Chavi* o *Txabi,* Echevarrieta, y su acompañante, Ignacio Sarasqueta, se refugiaron en casa de un cura. Pero el primero, en quien la euforia provocada por las centraminas había cedido al pánico, insistió en marcharse.

> Salimos de la casa y nos detuvo una pareja de la Guardia Civil. Los dos llevábamos una pistola a la cintura. Primero me cachearon a mí y no la notaron. Recuerdo que Txabi lanzó un rugido. Y después una escena típica del oeste, de las de a ver quién tira primero [...]. El guardia disparó antes que yo y salí corriendo [...]. No supe en ese momento que Txabi había muerto.

Sarasqueta cayó detenido poco después. Condenado a muerte, la sentencia le sería conmutada.

La ETA, el PNV, el clero nacionalista y la oposición antifranquista en todo el país transformaron este doble episodio de muerte en un relato, entre heroico y martirial, de lucha por la libertad y venganza represiva. La versión difundida afirmaba que Echevarrieta había sido «cazado a tiros: sacado del coche, esposado, puesto contra la pared y asesinado de un tiro en el corazón». Los curas nacionalistas, incluso los tibios, celebraron por él muchas decenas de misas con las correspondientes homilías; en su honor se compusieron poemas y canciones, una de ellas adaptada de otra en honor de Julián Grimáu. El nombre del grupo terrorista empezó a sonar con fuerza dentro y fuera de España, levantando solidaridades. El nacionalismo vasco y el antifranquismo en toda España se identificaron con el «mártir».

> El asesinato del guardia civil, gratuito, sórdido y sin asomo de épica, realizado por un estudiante semidrogado, tuvo verdadero carácter inaugural. Hasta entonces la ETA era un grupo sin demasiada importancia, molesto para el gobierno, aunque mucho menos que el PCE, que organizaba frecuentes huelgas en Vascongadas. En adelante se convertiría, junto con los comunistas —y habiendo evolucionado ella misma hacia el comunismo—, en el enemigo principal del régimen [...]. La oposición, empezando por el PNV en el exterior, clamó con redoblada energía contra el «terror de Estado», acusando a éste de las acciones de la ETA, cuando había sido exactamente al revés: eran los atentados etarras lo que causaba una represión hasta entonces muy escasa. Se desataba la espiral diabólica de la acción-represión-acción, así como la simpatía y colaboración en ella de muy variados elementos, incluso de la derecha. Quizá nunca logró tales ganancias con tan poca inversión un grupo terrorista. Iba a obtener el apoyo, abierto o tácito, propagandístico o más que propagandístico, de casi toda la oposición española, del clero nacionalista vasco, de la opinión socialdemócrata europea, de las dictaduras argelina y cubana y, sobre todo, del gobierno francés, que le permitiría construir en Francia un *santuario* donde refugiarse y desde el cual planificar impunemente las acciones en España. Probablemente nunca un asesinato valió tales dividendos políticos a los asesinos.

¿Por qué este despliegue de simpatía de la oposición antifranquista a tales acciones y a sus autores? A primera vista resulta paradójico, porque solía proclamarse pacífica y por la repulsión natural que debiera provocar tal género de atentados y su doctrina subyacente, expuesta de modo franco por uno de sus ideólogos, Krutwig: «Engañar, obligar y matar no son actos únicamente deplorables, sino necesarios», y justificada «la eliminación de los enemigos virtuales o reales». Debía ejercerse «la intimidación y el terrorismo» contra los funcionarios, jueces, empleados de juzgados y sobre todo policías: «Es recomendable, siempre que se pueda, emplear el degüello de estos seres infrahumanos. No se debe tener para ellos otro sentimiento que el que se posee frente a las plagas que hay que exterminar». Y eliminarlos «por medio de la tortura», cuando ello fuera posible sin correr peligro. Luego, en la práctica se contentarían la mayoría de las veces con el tiro por la espalda, que entraña menos riesgos; pero tal era el contexto intencional. Por otra parte la ETA no disimulaba su carácter político: desde un principio se proclamó ante todo antiespañola, mucho más que antifranquista; y aspirante a implantar en *Euskadi* un régimen dictatorial del tipo del cubano o argelino, en modo alguno a la democracia.

La paradoja de esta simpatía es sólo aparente. Ante todo debe insistirse en el carácter en general antidemocrático de aquella oposición, y su muy escaso sentimiento español, ya denunciado por Azaña durante la Guerra Civil. Su propaganda solía encerrar una virulencia que casaba bien con el terrorismo, aunque no se atreviera a ponerlo en práctica, máxime después de la dura experiencia del *maquis*: la ETA hacía, en parte, lo que muchos antifranquistas deseaban. Éstos creían que los pistoleros nacionalistas vascos realizaban un trabajo sucio, pero conveniente, y que a la hora de la verdad, cuando llegaran los cambios políticos y la oposición tocase poder, aquellos jóvenes ardorosos pero políticamente ingenuos, se irían tranquilamente a casa, pues los tiros en la nuca «ya no harían falta». Quien conozca el siglo XX español comprobará que actitudes y especulaciones semejantes, incluso por parte de políticos derechistas, habían contribuido en gran manera a facilitar la actuación del pistolerismo ácrata, una plaga de la Restauración similar a la del terrorismo nacionalista vasco en la España actual. Parece una tradición.

¿Por qué, en cambio, cuando el GRAPO comienza sus acciones, en 1974-75, la oposición reacciona con tal contrariedad? La razón es que en 1974-75 nadie creía que el régimen fuese a durar mucho, a causa de la simple consunción física de Franco. El régimen había avanzado considerablemente en su liberalización, estaba facilitando la reorganización del PSOE y los nacionalistas, y había tratos y contactos subterráneos con vistas a organizar el futuro. La oposición no podían oponerse de pronto a la ETA, después de haberla mimado tanto, pero una nueva organización armada, que se estrenaba con acciones espectaculares, les causaba verdadero pánico, pues podía dar pie a que el régimen se volviera atrás de su liberalización y arruinase todo lo conseguido hasta entonces.

Por lo demás, así como entre la ETA y los comunistas y el resto del antifranquismo existía una simbiosis ambigua, en la que cada cual disimulaba sus aspiraciones y hacía como que no se enteraba de las del socio, el PCE(r)-GRAPO se situaba abierta y decididamente contra casi toda aquella oposición. Desde su punto de vista, muy similar al del grupo Baader-Meinhof alemán, debía descartarse toda especulación con una democracia *burguesa* como salida del franquismo. La tal salida significaba mantener un poder capitalista de hecho dictatorial bajo algunos engañosos ropajes de libertad, y la política del PCE y de la oposición articulada en torno a él constituía una traición a la revolución socialista. Las acciones armadas debían concebirse como el método adecuado para «desenmascarar» la realidad antidemocrática del capital y de sus colaboradores «revisionistas» o «socialfascistas». La denuncia de los manejos del PCE (el PSOE carecía por entonces de importancia) era frontal, en el viejo estilo bolchevique y maoísta, aunque a la ETA, organización «pequeño burguesa», el GRAPO le atribuía un carácter revolucionario, debido precisamente a sus atentados, que conforme se aproximaba el fin del franquismo se volvían más y más embarazosos para la oposición.

Tienen interés los métodos con los que la oposición antifranquista atacó al GRAPO, porque revelan una vez más la estirpe totalitaria y policíaca que había distinguido al Frente Popular durante la Guerra Civil y lo había llevado a los más crudos enfrentamientos internos. Mediante una campaña de intoxicación se presentó al GRAPO, que asesinaba policías, como un grupo «parapolicial» o «infiltrado» o «dirigido por la ultraderecha». Todo ello sin el más mínimo asomo de prueba ni siquiera preocupación por encontrarla: se trataba de una mentira interesada, pura y simplemente. El GRAPO era sólo una manifestación extrema del antifranquismo, pero, al revés que la ETA, había comenzado a operar demasiado tarde. Con todo, ocasionaría a la Transición una de sus crisis más peligrosas, con ocasión del referéndum para la reforma democrática, en diciembre de 1976, mediante los secuestros de Antonio María de Oriol, jefe de la poderosa familia económica y antiguo ministro de Franco, y del teniente general Emilio Villaescusa, hechos que se acompañaron de numerosos atentados.

No obstante, la casi general oposición al GRAPO permitió que éste fuera perseguido policialmente, sin la inmensa ventaja que ha significado para la ETA la insistencia de los gobiernos, decenio tras decenio, en la «salida política», que convertía a los terroristas en una organización y a sus presos en «políticos», justificaba sus atentados, les daba fundadas esperanzas de conseguir sus objetivos y debilitaba el Estado de Derecho. La muy diferente conducta seguida por los gobiernos y partidos en uno y otro caso explica suficientemente por qué el GRAPO terminó reducido a la inoperancia, mientras que la ETA ha sido convertida por aquellos en una verdadera potencia política que ha condicionado profundamente, y sigue haciéndolo, la vida española. En los últimos años el Gobierno socialista ha colaborado con la organización asesina otorgándole legalizaciones, dinero público, proyección internacional, etcétera, mientras trataba de desacreditar y neutralizar a la AVT y otras organizaciones democráticas.

Se ha alegado a veces que la ETA, a diferencia del GRAPO, tenía una base de apoyo popular considerable, por lo que no podía tratársela del mismo modo. Pero ello debe ser matizado: esa base popular ha sido creada por el increíble apoyo que ha favorecido a esos terroristas bajo el franquismo y años después, degenerada en auténtica colaboración en los últimos años; y se mantiene precisamente por las expectativas y esperanzas que da a esa base la a «solución política», el «diálogo», etcétera.

Las últimas ejecuciones

La ejecución el 27 de septiembre de 1975 de cinco miembros de la ETA y el FRAP acusados de asesinar a varios policías motivó una campaña de agitación. Enseguida se extendió, fuera de España y en menor medida dentro, como diría más adelante Juan Tomás de Salas, editor de la entonces muy influyente *Cambio 16*: «la gente que estaba en este tipo de prensa, que además era la prensa que tenía más credibilidad, mayores lectores [...] de alguna manera nos habíamos sentido durante muchos años solidarios de ETA». La unidad no alcanzada por la Junta o la Plataforma volvió a forjarse en la acción a favor de los terroristas, presentados como «luchadores antifranquistas» y «patriotas». Numerosos gobiernos extranjeros, intelectuales de izquierda, obispos y el mismo papa Pablo VI, que tanto venía hostigando al régimen, pidieron clemencia a Franco. La presión externa y, en mucha menor medida la interna —por escasez de fuerzas— llegó a tal grado que casi todo el mundo dio por conmutadas las penas, a semejanza de lo ocurrido en 1970 con el proceso de Burgos contra la ETA.

Por desgracia, la petición creaba una impresión coactiva, al producirse en un clima de manifestaciones violentas exteriores y alegatos que hacían recaer toda la culpabilidad moral y política sobre el régimen, no sobre los terroristas, cuyas víctimas quedaban, además, olvidadas y despreciadas. Además, a los ojos del gobiernos español, el anterior perdón de las sentencias de Burgos no había servido para apaciguar la violencia, sino al contrario; y así era. Estas consideraciones pesaron sin duda más que otras, y cinco de las sentencias, tres para miembros del FRAP y dos de la ETA, fueron ejecutadas a finales de septiembre.

Al instante se desataron por Europa las protestas y disturbios, con manifestaciones de redoblada violencia, retirada de embajadores, boicots comerciales, asaltos a locales y embajadas españoles, etcétera. La embajada en Lisboa sufrió saqueo e incendio, y la policía no acudió hasta el final de la agresión. El Gobierno holandés y el sueco de Olof

Palme —que a su vez moriría en 1986 en un atentado que todavía no ha sido aclarado—, discretos ante otras dictaduras, multiplicaron sus muestras de condena al franquismo y de apoyo a los «luchadores antifranquistas» españoles. La ejecución de terroristas reales o supuestos, o de simples disidentes, no era lo que se dice un hecho inhabitual en el mundo, pero sólo en relación con el régimen de Franco despertaba tales oleadas pasionales.

En el plano interior, la ejecución de los miembros del FRAP y la ETA supuso una auténtica pintura de la relación real de fuerzas en aquel momento. En España, no obstante, los llamamientos a huelgas y manifestaciones encontraron poca acogida, a pesar de que ese tipo de acciones, con unos u otros motivos —rara vez políticos—, habían alcanzado en los años anteriores una dimensión considerable. Por eso, y con la idea de que, si no se replicaba con la mayor energía, el «fascismo» se saldría con la suya y amedrentaría a la sociedad durante bastantes años, el PCE(r) asesinó en represalia, el 1 de octubre, a cuatro policías armados en Madrid. Esa acción entraría en el nombre de la organización armada creada por dicho partido más delante, el GRAPO (Grupos de Resistencia Antifascista Primero de Octubre).

El ferviente apoyo a los terroristas por parte de los demás nacionalistas y de toda la izquierda, muy a menudo en combinación con movimientos internacionales, no deja de constituir una tradición en España desde finales del siglo XIX, baste recordar la campaña por Ferrer Guardia. Como ya quedó indicado, *España es probablemente el país europeo donde el terrorismo ha jugado un papel político más decisivo, siendo una de las causas fundamentales del hundimiento de la Restauración.* La misma reanudación de la Guerra Civil va marcada simbólicamente por el asesinato de Calvo Sotelo. Y ahora parecía volver a ocurrir.

Razones de la pervivencia de ETA

Es fácil ver que la pervivencia de la ETA a lo largo de casi cuarenta años ha dependido de dos factores esenciales: su enraizamiento en una minoría significativa de la sociedad vasca, y la vasta red de complicidades morales y políticas de que se ha beneficiado. Ambos factores van juntos, pues esa red cómplice ha contribuido al arraigo de la ETA, y éste a justificar las complicidades. La ETA nació como uno de tantos grupos empeñados en hablar de lucha armada, pero a los que nadie tomaba en serio. Ello cambió de golpe cuando empezó a matar. De repente encontró la cálida comprensión, admiración o ayuda, o todo junto, de casi toda la oposición antifranquista, de la parte peor, pero no la menor, del clero vasco y de otras regiones, de la prensa *progresista* española y de los Gobiernos francés, cubano o argelino, y otros.

A primera vista sorprende esta amplísima solidaridad con un grupo que se proclamaba jactanciosamente totalitario, terrorista (eufemísticamente: practicante de la «lucha armada») y antiespañol («no somos antifranquistas, sino antiespañoles», aclararían en más de una ocasión). Sorprende porque estos súbitos amigos de la ETA solían proclamarse, en su mayoría, demócratas, pacíficos y, por lo menos, no enemigos de España. ¿A qué obedecía su actitud? Quizá debamos recordar que la oposición y mucho del clero llamado progresista tenían de demócratas lo que los comunistas, es decir, nada. Rechazaban el franquismo pero aspiraban a terminar imponiendo en España una dictadura de tipo marxista, ruinosa y enormemente más dura que la de Franco. La oposición al dictador fue mayoritariamente comunista, e incluso cuando no lo era giraba en torno a montajes del PCE, el cual sólo había renunciado a la violencia tras fracasar en la reanudación de la Guerra Civil mediante el maquis. Una oposición así no podía reprobar el terrorismo, salvo si le perjudicaba de modo muy directo. Pensaba más bien que los idealistas obtusos de la ETA harían un conveniente trabajo sucio, del cual sacaría ella las rentas.

Los apoyos de las dictaduras argelina o castrista no precisan explicación. Pero el más efectivo llegó a la ETA de la democrática Francia, proporcionando a los pistoleros un seguro y cálido refugio también después de Franco. París obró así menos por aversión a una dictadura que por debilitar a España, una constante en su política exterior. Hemos vuelto a apreciarlo en la crisis de Perejil, en que prefirió apoyar el acto hostil de una dictadura familiar africana a un socio democrático y europeo agredido.

Con esas colaboraciones, la ETA llegó a la democracia con un aura de heroísmo, un *heroísmo* ausente en casi todos los demás antifranquistas. Nada de raro: según tesis aún difundidas, los terroristas habían abierto el paso a la democracia con el asesinato de Carrero Blanco. Esa idea ha sido defendida siempre, con claridad o disimulo, por *El País*, el órgano más influyente de ese extraño conglomerado que podríamos llamar «antifranquismo de después de Franco», y por su inspirador ideológico, J. L. Cebrián. Éste ni siquiera se había opuesto a la dictadura, en cuyos aparatos había sabido medrar notablemente, para, en el posfranquismo, dedicarse a otorgar títulos de demócrata. Tales «demócratas» miraban a la ETA con respeto y gratitud, pese a haberse vuelto tan molesta. Había que negociar con ella un acuerdo entre personas decentes para terminar con unos asesinatos ya «innecesarios». Por supuesto, la complicidad de grupos como el PNV iba mucho más allá, pero con el mismo fondo argumental: la ETA no era una banda de delincuentes, expresaba un «conflicto político» o «histórico» nacido de la opresión española en general y franquista en particular, y sus miembros tenían mucho de luchadores por la libertad, aun si equivocados en sus métodos.

Esta mentalidad convertía el crimen en una forma (y muy esperanzadora) de hacer política. Edurne Uriarte lo ha descrito en *Cobardes y rebeldes. Por qué pervive el terrorismo*:

> La lucha policial queda cuestionada porque los terroristas saben que el Estado mantiene entre sus alternativas la de la negociación. Los terroristas saben que una estrategia adecuada por su parte provocará esa negociación. Mantienen la iniciativa en todo momento. Interpretan que el Estado les otorga el rango de enemigo, con el que caben las conversaciones y la negociación, es decir, la considera-

ción que merecen es exactamente la que los etarras desean, la de un grupo armado con objetivos políticos y capacidad militar.

La pervivencia de la ETA ha dependido de forma muy destacada de este talante, formado en el franquismo.

Semejante confusionismo podría considerarse inevitable en la Transición, pero tras tantos años de experiencia no puede quedar confusión alguna, y debe hablarse de complicidad o colaboración. Nótese hasta qué punto ha persistido el talante mencionado: los partidos tardaron más de diez años en acordar una política sólo a medias antiterrorista, pero al menos común, el Pacto de Ajuria Enea; luego esos mismos partidos, en particular el PNV, sabotearon el pacto y terminaron liquidándolo en obsequio de los etarras; y sólo en el año 2000, después de treinta y dos años de crímenes, se firmó un Pacto Antiterrorista real, con exclusión del PNV. En él, ¡por primera vez!, se planteaba la lucha anti ETA como lucha contra un tipo de delincuencia, excluyendo definitivamente al asesinato como forma de hacer política. Y dio los mejores frutos, con diferencia hasta la fecha, acorralando a la banda etarra.

Ese pacto fue muy pronto desvirtuado por el PSOE, y echado finalmente abajo en aras de una abierta colaboración con los etarras para lograr, dicen, «la paz». Algunos ingenuos atribuyen ingenuidad al Gobierno por caer en tal trampa. No es posible que el Gobierno, por mucha estupidez que quiera atribuírsele, ignore el beneficio extraordinario que sus medidas traen a los asesinos. Si mantiene esa política se debe a que entiende los principios democráticos y la unidad de España —o el patrimonio cultural en el caso de los papeles del Archivo de Salamanca— como mercancías de trueque en su juego de poder con «un grupo armado con objetivos políticos y capacidad militar». Un país como España ha pasado a estar bajo el poder de unos demagogos tercermundistas.

En la inquina a la Transición coinciden la ETA y el PSOE, y por la misma causa: su visceral antifranquismo, pues la Transición no fue otra cosa que el paso de la dictadura a la democracia por el método «de la ley a la ley», sin admitir la ruptura pretendida por la oposición. Una ruptura que quería saltar sobre cuarenta años de historia para enlazar con el Frente Popular, seguramente la experiencia más nefasta del siglo XX español. Nunca se insistirá bastante en que la oposición antifranquista, desde la ETA y el GRAPO hasta el PSOE y los cristianos por el diálogo (con los comunistas), nada tuvo de democrática. La ETA siempre rechazó la Transición, mientras que el PSOE, entonces demasiado débil e infiltrado por la policía, tuvo que «tragar» con ella, sin renunciar a *rectificarla* cuando hubiera ocasión, pues nunca ocultó sus fines últimos. Y la ocasión llegó con la vuelta del PSOE al poder en 2004. El «proceso de paz» combinado con la «memoria histórica» era (es) la vuelta a la ruptura, la deslegitimación del franquismo y, por tanto, de lo que ha salido de él, es decir, la democracia y la monarquía constitucional, sobre las que hacen pender una espada de Damocles, que también tendrá su ocasión de caer, o eso esperan.

Sólo a los muy ingenuos o desinformados puede extrañar que en la maniobra vayan juntos la ETA y el PSOE. Éstos comparten esos *valores* y muchos más, como salta a la vista de quien quiera mirar: aparte de antifranquistas, ambos se consideran socialistas, *antiimperialistas*, detestan o son indiferentes a la unidad y la historia de España, son muy feministas, apoyan o excusan las tiranías de izquierda, se sienten a gusto en la corrupción e incómodos en un Estado de Derecho con libertades y separación de poderes, etcétera. De hecho comparten quizá un noventa por ciento de ideología. Recientemente, uno de los miembros del círculo íntimo de Rodríguez Zapatero, el diputado y sociólogo José Andrés Torres Mora, declaró lo siguiente en una entrevista en *La Vanguardia* (8-8-2009):[13]

13. http://www.lavanguardia.es/politica/noticias/20090808/53760029125/mora-los-que-nunca-creyeron-en-la-politica-ni-en-el-plan-ahora-nos-exigen-mas-politica-y-un-plan-pp-.html.

> Los españoles son de izquierdas, pero España es de derechas [...]. Sí, el concepto de España. El concepto imperante es el que ha creado la derecha. Todos, hasta los nacionalistas, terminamos mirándonos en el espejo deformante que nos pone la derecha antes que en la realidad diversa de nuestro país.

España, un invento de la derecha; la derecha, un ente maligno que nos inculca sus conceptos. Una idea estúpida que pueden suscribir los etarras.

Les separa sólo un matiz que ha dado al traste —de momento— con la buena armonía entre los «dialogantes»: la ETA quiere la secesión de las Vascongadas y Navarra, y aunque al PSOE ello le es ideológicamente indiferente, le parece menos oportuno desde el punto de vista político, pues cree que podría arruinar sus posiciones de poder en el conjunto del país. La clave de su oferta a la ETA consistía en un estatuto balcanizante a la catalana, que mantuviera un barniz de unidad de España. Así, la coalición implícita o explícita del PSOE con los separatistas podría asegurar indefinidamente el poder socialista. Y pese a su fracaso temporal, esa estrategia continúa porque, insisto, la ETA y el PSOE se parecen demasiado ideológicamente.

Me sorprenden los análisis políticos que prescinden de hechos tan significativos y evidentes, o la palabrería del PP sobre el «error» del PSOE en su «lucha antiterrorista». Nunca hubo tal lucha sino un «diálogo», que prosigue, aun si con modos más bruscos: Rodríguez cree que la ETA debería dejar de matar porque él ha ofrecido casi todo lo que la ETA deseaba (a costa del Estado de Derecho, entre otras cosas). Ese «casi» es el quid de los actuales malos modos entre ambos socios.

LA MONARQUÍA

En un encuentro casual con Fernando Suárez, el político que dio la señal de partida para la Transición en las Cortes franquistas, éste me dijo: «Lo grave de la Ley de memoria histórica es la firma, es quien va a tener que firmarla». No es lo único grave, pero tiene una gravedad excepcional. En efecto, la ley intenta repudiar como absolutamente ilegítimo el franquismo, con lo cual se ilegitima de paso a la Monarquía evidentemente salida de él, y para colmo se obliga a firmar al monarca su propia ilegitimidad. A partir de ahí, la Monarquía queda a merced de cualquier politicastro iluminado en espera del momento oportuno. Una jugada artera e insidiosa digna de precedentes como la maniobra de destitución de Alcalá-Zamora por Prieto y Azaña, golpe de Estado apenas encubierto.

No se olvide que el PSOE, como el PCE y otros, llegaron a la Transición con la idea de liquidar la «monarquía franquista», romper el plan de reforma del régimen e imponer una ruptura que borrase cuarenta años de historia de España, tan fructíferos en muchos aspectos, para enlazar con el convulso Frente Popular. No tuvieron entonces la fuerza necesaria para llevar a cabo sus planes y tuvieron que aceptar la reforma, pero estos enterradores de Montesquieu nunca han sido leales a la Monarquía ni a la democracia, y ahora parecen creer que va llegando su momento.

Y he aquí la clave: la monarquía parlamentaria en la España de los siglos XX y XXI está asociada a las libertades y a un progreso material acumulativo, mientras que la República va unida a la convulsión, a las tensiones separatistas y al arruinamiento de la democracia (no se trata de una excepción: la mayoría de las repúblicas del mundo son corruptas dictaduras y las monarquías europeas son democracias). No por casualidad el PSOE ha protagonizado los años de mayor corrupción y mayores ilegalidades desde el poder que ha vivido España, exceptuando las del Frente Popular. No por casualidad el PSOE mostró su verdadero rostro en la oposición con sus manifestaciones tumultuosas bajo las banderas del Gulag y de la República mezcladas en sus asaltos a sedes del PP, a supermercados, sus destrozos del mobiliario urbano, etcétera. Y las constantes movilizaciones y expresiones republicanas en la prensa, los insultos y quemas de retratos y demás acciones muy publicitadas, forman parte de la campaña.

Se nos plantea a los españoles, con creciente claridad, la elección entre la democracia salida del franquismo, la monarquía constitucional salida del franquismo y el nuevo Frente Popular, la Infame Alianza de socialistas, comunistas, separatistas y terroristas. Una elección que sobrepasa en mucho la votación al PSOE o al PP.

LA CONSTITUCIÓN, TREINTA AÑOS DESPUÉS

No puede decirse que la Constitución de 1978 sea una maravilla. Aparte de contener un exceso de palabrería socialdemócrata (que no disgustaba a los, más o menos, ex falangistas, como el propio Suárez), está lastrada, sobre todo, por la posibilidad de vaciar las competencias del Estado en provecho de las mafias regionales (y es que en la medida en que obran así se convierten en mafias). Afortunadamente, sí proclama el carácter indivisible de España, si bien la ambigüedad sigue ahí. Por estos defectos, probablemente, contó con menos apoyo popular del deseable —menor que la Ley de Reforma votada en el referéndum de diciembre de 1976—, pese a que en 1978 la inmensa mayoría de los partidos se volcaron en el voto afirmativo.

Una Constitución defectuosa puede ser, no obstante, operativa y razonablemente beneficiosa, y de hecho así lo ha sido hasta el año 2004. Para ello sólo se precisa una madurez suficiente entre los políticos que permita soslayar o marginar los evidentes peligros de la ley. Por desgracia, la madurez de estos políticos, que nunca estuvo muy acentuada, se trocó desde 2004 en la mayor irresponsabilidad posible mediante la alianza del nuevo Gobierno con los asesinos etarras y con los separatistas; estrategia a la que ahora se ha unido el PP de Rajoy, privando al país de una oposición real y completando la obra antidemocrática de sus adversarios.

Pese a sus defectos, la Constitución tiene dos virtudes: en conjunto es democrática aun con sus evidentes déficit, y es la de más amplio consenso de la historia española, siendo muy difícil obtener hoy uno mayor. Por estas dos razones debe ser defendida, oponiendo a los desmembradores la proclamación de la unidad nacional y encarando su reforma, para la que sería precisa una gran campaña que los grandes partidos no quieren emprender.

Y no sólo no quieren emprenderla, sino que tanto el PSOE como el PP —el uno desempeñando el papel activo y el otro, el pasivo— están empeñados en demoler la Constitución por medio de hechos consumados. El «proceso de paz», el estatuto catalán y la «memoria histórica» son tres puntos clave en esta demolición. El primero reconoce, justifica y premia a los asesinos y ataca al Estado de derecho; el segundo está diseñado para volver residual la nación española entre las autonomías, y la tercera falsifica sistemáticamente la historia —al modo totalitario— destruyendo la base psicológica y política de la Constitución, esto es, la reconciliación entre los españoles por encima de los partidos (reconciliación ya lograda en realidad bajo el franquismo y que posibilitó una Transición poco traumática).

¿Debemos dar por demolida la Constitución? Si eso hiciéramos, justificaríamos la delincuencia política y la conculcación sistemática de la ley, transformando la esperanzadora democracia española en una especie de república bananera e iniciando un proceso de descomposición social cargado de peligros.

Sin embargo, las fuerzas constitucionales son hoy muy débiles en comparación con las bananeras y balcanizantes. Pero esto no debe desanimarnos, más bien al contrario. Torres más altas han caído.

LOS «DEFENSORES» DE LA MUJER

LA SOCIEDAD HOMOSEXUAL

SI alguien predicase que andar erguido sobre los pies constituye una imposición cultural perfectamente abolible, y encontrase en ella la causa de los frecuentes dolores de espalda y desviaciones de columna vertebral, y propusiera que para salir de tales miserias lo ideal —y natural— sería andar a cuatro patas, chocaría de entrada con la irrisión, aunque quizá no generalizada. Si, además, dramatizara los daños de la columna, abundando en los casos más espeluznantes, e insistiera en que la costumbre de andar erguido nace del interés de inmemoriales opresores, y arguyese que derrotando a los defensores de tal imposición cultural se adelantaría un largo trecho no sólo en la supresión de los dolores de espalda sino en la emancipación humana, ya tendría el predicador esperanza de hallar simpatías. Y si, encima, identificase el interés de andar a cuatro patas con algún amplio sector social, no sería raro que juntase adeptos. Sabiendo explotar el ansia de la prensa por la novedad, colocando a tales ideas el marchamo de progresistas, y tildando a las opuestas de reaccionarias, el ideólogo se haría con una audiencia quizá no despreciable.

Las posibilidades de teorización histórica y de especulación futurista a partir de la tesis dicha son inagotables. Se encontrarían mil ejemplos demostrativos de cómo andar a dos pies va ligado a la alienación, al idealismo hipócrita de los opresores —bajo el que sólo yace la sórdida realidad del dominio y la explotación—, reñido con las necesidades y tendencias más naturales de los humanos, expresadas, por ejemplo, en la niñez, cuando apenas rigen los moldes culturales.

Se descubrirían sociedades de un pasado remoto en el que la gente sería feliz andando a cuatro patas. Se elaborarían planes de reeducación para redimir al ser humano de una deformación secular, perennizada por el prejuicio y acaso por castas sacerdotales.

Una caricatura, ciertamente —aunque hoy día cabe esperar hasta cosas como ésta—. Pero vale para exponer varios rasgos de las ideologías.

Llamo ideología a cualquier concepción que se autosupone capaz de explicar plenamente la vida, o lo fundamental de ella, desterrando el sentimiento y la noción de misterio que casi siempre produce la contemplación del mundo y del destino humano. Concepción traducible, por tanto, a una reordenación total y precisa de la sociedad y los individuos. De esta manera se ve una diferencia esencial entre ideología y religión, por un lado, y entre ideología y ciencia, por otro. Respecto a la religión, porque en ella el sentimiento del misterio es consustancial (lo religioso puede hacerse ideológico, pero ése es otro asunto).

Más arduo se vuelve discernir la diferencia entre ciencia e ideologías. Las últimas gustan de titularse científicas, y la pasión ideológica en el mundo contemporáneo proviene, en parte, de esa aparente aplicación universal del espíritu de la ciencia. No obstante, las ideologías son profundamente anticientíficas en un punto crucial: la ciencia, modestamente, no expone conclusiones absolutas. Aun si fuera factible que la ciencia eliminase por completo el lado misterioso de la existencia, tal eventualidad es en cualquier caso remota; y profetizar tan hipotético logro escapa a la misión y al espíritu científicos. Pero las ideologías dan apresuradamente por supuesta la erradicación del misterio, y urden proyectos totalitarios reguladores del destino humano para los que, a falta de conocimientos genuinos, se apoyan en la fetichización de la ciencia y en impulsos emocionales.

Las ideologías parten de (y crean) una radical insatisfacción con la historia y el estado actual de la Humanidad, a los que caracterizan como «alienados» o similares, y conducen a planes de reeducación universal. En la medida en que esos planes tienen éxito, someten la vida humana a una especie de encarcelamiento moral y político. Y en la medida en que su éxito prueba su fracaso —ya que nunca alcanzan sus objetivos— se quedan en invocaciones rituales de un porvenir feliz que justificaría el absoluto poder actual de los detentadores de la verdad «desalienante», y en condena obsesiva del pasado, cuya supuesta maldad sin reservas haría parecer tolerable la desdicha del presente.

La fuerza de la ideología

Muchas razones explican el ímpetu ideológico del siglo XX.

Está el deseo humano de explicación del mundo y de la vida, deseo tan intenso que incluso una racionalización gratuita parece mejor que la impresión sencilla de lo obvio. Decir que andamos erguidos por imposición cultural pasaría por una explicación clara de un fenómeno de otro modo difícil de comprender, quizá nunca comprensible del todo. Y nos deja creer en la posibilidad de cambiar, si quisiésemos, una realidad que de otra forma se nos impone.

Un ejemplo menos caricaturesco es, por lo que hace al tema de este ensayo, el del matriarcado. No existen indicios reales de que tal institución se haya dado jamás. Pero la racionalización del matriarcado proporcionaba una supuesta solución a numerosos problemas históricos, aun cuando muchos vinieran creados, en círculo, por la misma solución, y aun cuando se partía de la falacia de que el patriarcado tenía que manifestarse absolutamente, con lo que los hechos que lo relativizaban se tomaban por pruebas de una situación matriarcal previa. La interpretación de la historia por esa vía era simple, casi perfecta, y proporcionaba a los feministas un apoyo histórico-social satisfactorio. La religión, pongamos por caso (y cuanto ella condensa como sensación del misterio), quedaba erradicada, era sólo un reflejo de la dominación del hombre sobre la mujer.

Con todo, una vía de desarrollo cultural es la profundización en lo obvio, el descubrimiento de problemas en lo que parecía «natural». En ese sentido las ideologías han desempeñado ocasionalmente un papel de incitadoras a la reflexión. Desempeñado, sin embargo, muy a su pesar, pues la ideología se propone asfixiar a toda costa a la «reacción». La reacción, por supuesto legítima, contra aquélla, toma en el vocabulario ideológico un tinte abrumador, metafísico: nada peor que pasar por «reaccionario».

También se cimienta el éxito ideológico en la idea de una cura radical de la angustia, incertidumbre y dolor humanos. Ninguna ideología olvida prometer a ese efecto notables prodigios; y no debiera serles difícil cumplir la promesa, porque el cuadro pintado por ellas de la realidad actual e histórica resulta tan lúgubre que cualquier cambio debería traer un alivio. No obstante, los frutos prácticos de las ideologías distan de aligerar el ánimo.

A las ideologías las empuja asimismo una propaganda martilleante en torno a conceptos de buen sonido como «emancipación», «paz», «libertad», «igualdad», etcétera. Los ideólogos se apropian buenamente de tales conceptos, convirtiendo así a cualquier discrepante de sus recetas en enemigo no de éstas sino de la «paz», el «progreso» y demás. Este método, igual que la metafísica de la «reacción», introduce un pesado elemento coactivo, que muy a menudo quiebra o apabulla la respuesta en términos racionales.

No menos pesa la pretensión ideológica de arrogarse la representación de los intereses «auténticos» de sectores sociales como «la clase obrera», «la juventud», «el pueblo», «la mujer», «la raza», etcétera, sin que lo gratuito de esta autoasignación disminuya, a menudo, su efecto práctico.

La ideología seguramente más lograda y elaborada es el marxismo. Éste, aunque como cuerpo de doctrina se halle hoy en declive, ha dado sustancia y fecundado a casi todas las restantes ideologías, entre ellas la que vamos a tratar, el feminismo, para estudiar el cual nos centraremos en el tercer «informe Hite», titulado nada menos que *Las mujeres y el amor* (o *Mujeres y amor*, en la mala traducción). Por esa razón se harán también en este estudio paralelismos entre los dos movimientos.

La propaganda feminista

La suposición básica del feminismo reside en que las diferencias entre los sexos se ciñen a lo genital, sin más consecuencia social o cultural necesaria. De ahí que la diferenciación de los sexos en papeles, actitudes y talantes sea vista como una imposición arbitraria, cuyo objeto sería afianzar la opresión del varón sobre la mujer.

Entre los elementos de la propaganda feminista se encuentran:

—Una incitación tenaz a la incorporación e igualamiento de la mujer con el hombre en todos los planos profesionales, políticos, deportivos, etcétera. Incitación que se expone como progresista y emancipadora.

—Desvalorización simétrica de las funciones típica y tradicionalmente femeninas, en especial la maternidad, la crianza de los niños y la atención a la casa. Papeles que aparecen con signo neutro en el mejor de los casos, y explícita o implícitamente negativo en la mayoría: «Mujer, tu hogar es tu prisión». Se trata de una tara a superar mediante la «socialización» según unos, o adjudicando al varón los mismos papeles que a la mujer en la casa, la crianza, etcétera, según otros. Lo contrario sería «injusto».

—Consideración de la sexualidad como una diversión individual, sólo muy secundariamente ligada a la procreación o al establecimiento de vínculos personales estables (lo último no suele defenderse, pero es consecuencia de lo primero).

Estos tres aspectos van muy trabados entre sí, aunque el acento recaiga en éste o aquél, según las tendencias: el tercero ha sido llevado al extremo por ciertos ácrato-feministas, mientras que los socialismos reales han probado a conciliar el igualitarismo con la institucionalización del matrimonio y la familia. Conciliación frustrada, desde luego.[14]

La propaganda feminista posee un alto voltaje emotivo y un arsenal de descalificaciones inmediatas contra las ideas o tendencias discrepantes, tachadas de «reaccionarias», «machistas», «sexistas», opuestas a la «mujer», cuando no fascistas, oscurantistas,[15] etcétera.

Así, las críticas al último informe Hite, acusado de mala metodología y otros defectos, provocaron un comunicado firmado por varias conocidas feministas, y muy publicitado en la prensa useña,[16] que aseguraba: «El ataque conservador al informe Hite forma parte de la actual reacción conservadora y [...] va dirigido [...] contra los derechos de todas las mujeres». Por su lado, la autora del informe condenaba «la histérica reacción conservadora contra el proceso irreversible de liberación de la mujer», felicitándose de que «los ataques se

14. Todo lo cual no impide que se insista en que la mujer mantiene su condición femenina (quizá algo innecesaria sobre tales bases). Son instructivas las apreciaciones de la prensa en torno a la ministra de Asuntos Sociales (Matilde Fernández) a raíz de su nombramiento: «De ella cuentan que es capaz de poner orden en una reunión de hombres con sólo pegar un buen puñetazo en la mesa», explicaba admirativamente *Cambio 16* (8-8-88), mientras *Diario 16* (misma fecha) resaltaba lo «femenino»: cuando hace años se vio obligada a viajar a Londres para abortar, antes de regresar a España se fue de tiendas por la ciudad del Támesis «porque de alguna manera irse de trapos cura las depresiones». Huelga el comentario.

15. No siempre la descalificación es abierta. La contraportada del libro *La inevitabilidad del patriarcado,* de Steven Goldberg (Alianza de Bolsillo, 1976), desfigura como sigue las tesis del autor: «Las características biológicas limitarían drástica y dramáticamente las posibilidades sociales de los seres humanos en función del sexo [...] prefigurarían de manera rígida las funciones». Lo dramático, según Goldberg, es la ignorancia del factor biológico, el cual tampoco determina «rígida» o «drásticamente», sino estadísticamente, las funciones sociales. Pero el escritor de la contraportada crea así un prejuicio y desanima al lector, al presentar como tosca e inaceptable la argumentación, en extremo cuidadosa y matizada, de Goldberg.

16. Recuerdo que empleo «useño» (de Usa o USA) para evitar los engorrosos e inexactos «estadounidense», «americano», etcétera. El propio nombre «Estados Unidos», como el de la URSS, tiene contenido mesiánico, un verdadero programa imperialista que no debiera aceptarse.

aplacaron después del comunicado conjunto» recién citado.[17] Los efectos de la «reacción conservadora» se pintan con colores espeluznantes: «En América ni siquiera se puede hablar de sexo, y mucho menos pensar en disfrutar de él»,[18] informa Shere Hite con su peculiar sentido de la veracidad.

La similitud con la retórica empleada por los comunistas en los años veinte sorprende, y sugiere un aprendizaje en esa escuela, cosa nada improbable. Pero un rasgo de las ideologías consiste en la reproducción estereotipada de formas de ataque y racionalización. Por ejemplo, tratan de impresionar relegando la razón[19] y poniendo en primer plano factores de fuerza semimística: el futuro, o la vida, «están con nosotros»; la revolución «es irreversible»; la reacción, aparte de malvada, resulta inútil...

Éxito del feminismo

El éxito del feminismo no ofrece discusión. Deriva en alto grado de una propaganda masiva y consiste fundamentalmente en la masividad de esa propaganda, difundida por la aplastante mayoría de los medios de masas, sea en forma de opiniones directas, de desautorización de otras tesis, de enfoques de programas de televisión, de ideología explícita o implícita en telefilmes, de discursos seudomoralistas de los políticos, de proyectos internacionales, en películas para niños, textos escolares, etcétera.

No es menos llamativo el tabú a la exposición de ideas no feministas, no digamos de propaganda. En rigor la oposición no existe, salvo en el plano de la broma cotidiana, o como estudios académicos ocasionales, o reacciones aisladas que suelen caer, a su vez, en el círculo del ataque ideológico.

17. Recogido de *El Globo* (17-7-88).

18. Entrevista en *El País* (1-8-88).

19. «La razón es la adversaria más recalcitrante del pensamiento», recoge Hite de Heidegger, un tanto abusivamente (*Las Mujeres y el amor,* p. 886).

Esto supone un intensísimo adoctrinamiento, y redunda en la adopción de medidas administrativas y burocráticas en pro de una reeducación general ya desde la escuela.[20] El mismo lenguaje corriente es sometido a intentos de constricción y remodelación acordes con los tópicos feministas.

El éxito del feminismo ha sido relativamente fácil. Lo que no concuerda con las tesis de sus ideólogos radicales y que, desde luego, no complace a los más belicosos de ellos. La célebre teórica Eva Figes, por poner un caso, insiste mucho en que el movimiento feminista viene siendo «una batalla incesante», «una verdadera guerra», una «pelea» enconadísima,[21] frente a una resistencia que había de ser muy superior a la que encontraría cualquier otra ideología, según racionalizaba Stuart Mill. Claro que si comparamos los marciales estruendos del feminismo con los más que estruendos producidos por ideologías tipo socialismo o anarquismo, no hablemos del comunismo o el fascismo, habrá de reconocerse que la conflagración feminista ha resultado harto más suave. Cosa también muy de agradecer.

Entre las causas del éxito feminista pueden señalarse al menos tres, aparte de las que vigorizan a cualquier ideología.

En primer lugar, existe una base biológica: la agresividad masculina desciende, por lo común y normal, frente a la mujer y lo que se presenta como causa justa en pro de ella. No se trata de las actitudes sentimentales y un tanto falsas de la galantería, y tampoco hay que

---

20. Aunque algo marginalmente, viene a cuento un cómico incidente universitario. Hace pocos meses, un profesor fue suspendido de empleo y sueldo en Madrid por «expresiones que han podido denotar una minusvaloración de la condición femenina y, por tanto, una ofensa» y «por haber pronunciado expresiones vulgares y soeces» en el aula. La farsa en el asunto viene de que el lenguaje soez, vulgar y empobrecido se ha introducido en tromba en estos años en todos los ámbitos, con frecuencia a partir de la Universidad. Y lo han difundido precisa y casi programáticamente esos movimientos ideológicos, incluido el feminismo. El lenguaje macarril en la mujer ha sido alentado siguiendo el ejemplo de la «frescura de expresión» atribuida a las emancipadas useñas.

21. Eva Figes, *Actitudes patriarcales: las mujeres en la sociedad,* Alianza Editorial, 1972, pp. 21 y ss.

desconocer conductas masculinas no infrecuentes de abuso puro y simple de la fuerza muscular. Pero en conjunto pocos negarán la aludida mengua de la agresividad, pues si ella no se diera, el mismo género humano habría subsistido a duras penas.

También debe señalarse que la ideología feminista no es especialmente femenina. Ni la masa de su propaganda y de las medidas administrativas en marcha tienen origen en grupos feministas,[22] que corrientemente excluyen a los hombres, sino en partidos, gobiernos y otros aparatos políticos y sociales de composición abrumadoramente masculina. Además, las ideas feministas han sido promovidas fundamentalmente por otras ideologías y como componente de éstas: el feminismo es parte muy importante en el comunismo, socialismo, anarquismo, un buen sector del liberalismo, y otros. Entre los teorizadores e iniciadores del feminismo pueden citarse a Engels, o a Stuart Mill (y hasta a Platón); y el creador del seudomito matriarcal es también un hombre, Bachofen. O sea, que si bien en los últimos decenios gran número de mujeres han llegado a la condición de ideólogas y teóricas del feminismo, las ideas y actitudes básicas son anteriores y vinculadas a ideologías más amplias.

Una tercera causa, muy efectiva, ha sido la rivalidad publicitaria entre partidos, y en especial la competencia global Este-Oeste. Un tema privilegiado y tópico en dichas rivalidades ha sido durante decenios el de la «emancipación de la mujer» y la «igualdad de los sexos». Tal como se planteaba el asunto por los dos lados, sobre una base ideológica común, la competencia sólo podía exaltar y acelerar el proceso.

No se exagera al decir que, desde el fin de la Segunda Guerra Mundial sobre todo, en muchos países los programas de reeducación en sentido feminista han sido intensivos y en general dominantes. Y el proceso se ha vuelto cada vez más institucionalizado y excluyente. En ello viene a resumirse el triunfo espectacular del feminismo.

22. Lo que no quiere decir que el influjo de los grupos feministas sea insignificante.

Algunas contradicciones elementales

Los feministas pintan la historia de la mujer como un lúgubre relato de opresiones, humillación y explotación a beneficio del hombre, hasta la época actual en que las mujeres, o bastantes de ellas, habrían empezado a ver las cosas en su debida perspectiva y a desafiar la dominación del macho.

De creer el dictamen de las ideologías al uso, la inmensa mayoría de los varones también habría vivido permanentemente oprimida y «alienada»; pero la historia registra innúmeras rebeliones masculinas y la elaboración de ideas más o menos liberadoras; aparte de que una minoría de varones habría conseguido no ser oprimida sino opresora. Ninguno de esos hechos se ha detectado entre las mujeres; y aunque buscando con tiento y exprimiendo lo que haga falta los datos de la historia se descubran episodios de rebelión femenina, los mismos apenas rebasan la anécdota.

Ello se comprueba aún mejor sin necesidad de bucear en un pasado en buena medida incognoscible. Las ideologías hoy más frecuentes, incluyendo la feminista, tienden a identificar la delincuencia con una rebeldía, inconsciente y primaria, contra la marginación y la opresión. Si la tesis fuera cierta, y lo fueran también las feministas, las cárceles estarían colmadas de mujeres. Ocurre al revés, empero: la delincuencia femenina es insignificante y son hombres los que abarrotan las prisiones. Y siempre ha pasado igual. Tampoco cabe argüir que a las mujeres se les ha enseñado a ser sumisas, porque a los oprimidos y marginados se les ha enseñado lo mismo, y no sólo con palabras e ideas sino también con drástica violencia.

De ahí se concluye que, o bien las mujeres se han sentido siempre mucho menos oprimidas de lo que los feministas aseguran, o bien su pretendida sumisión sería la prueba de una inferioridad real. Con una óptica feminista, la segunda alternativa es la evidente y forzosa.

Pero, se objetará, aunque así haya sido, ya no lo es: las mujeres feministas del presente habrían venido a lavar el honor de las pobres esclavas, neciamente sumisas por siglos y siglos según la óptica feminista. No obstante, si aceptamos esta salida, ella nos lleva a otra: que las «conquistas» modernas de la mujer se deben a los hombres. En efecto, se puede exponer como una injusticia la veda a la mujer de oficios y profesiones tradicionalmente masculinos, siempre que se admita simultáneamente que esos oficios son creaciones del varón. La incorporación masiva de la mujer al trabajo fuera de casa no ha sido obra de ideas feministas, sino de necesidades industriales y de las terribles guerras —de motivación ideológica— de nuestra época. El acceso de la mujer a prácticamente todos los puestos y posiciones de la sociedad «patriarcal» ha resultado comparativamente rápido, fácil y poco violento. Las leyes y medidas aprobadoras de dicho acceso han sido tomadas por varones, y la presión —feminista y no feminista— que las ha hecho posibles no ha venido exclusiva ni principalmente de los grupos feministas de mujeres.

Otras contradicciones del feminismo resaltan emblemáticamente en un fenómeno en impetuoso auge: el atletismo femenino. El atletismo entraña unos valores, una rivalidad y un exhibicionismo que siempre se consideraron típicamente masculinos. Aquél nació probablemente como entrenamiento guerrero, y como juego es una forma de desviar la agresividad violenta. Hoy el feminismo promueve muy activamente la participación de mujeres en ese juego, y la rivalidad internacional al respecto se liga, abierta o subliminalmente, al progreso en la «emancipación de la mujer».

Ahora bien, basta contemplar tales competiciones para notar que los triunfos atléticos suelen lograrse a costa de la feminidad física de las triunfadoras (que rebajan, ciertamente, las diferencias sexuales en ese campo). Y el ansia de ganar ha conducido a muy variadas desviaciones, especulando con los desarreglos que se producen en el ciclo femenino, y con cosas más graves. Recientemente la doctora Renate Huch, de Zürich:

[...] ha denunciado el embarazo deliberado y la interrupción provocada como parte del entrenamiento deportivo. En el embarazo se produce un aumento del volumen de la sangre, lo que supone un aumento del transporte del oxígeno a la musculatura. Mientras la embarazada no aumente de peso, sus capacidades deportivas aumentan, aunque el embarazo deberá interrumpirse entre el tercero y sexto mes [...]. Estas prácticas pérfidas e inaceptables se realizan en todos los países, pero permanecen cuidadosamente escondidas, según la citada doctora.[23]

Degradación de la relación hombre-mujer

Un fruto característico de estos decenios de reeducación feminista ha sido una variedad de fenómenos sociales resumibles en la pérdida de respeto del hombre hacia la mujer. Ello constituye uno de los temas cruciales, si no el crucial, del informe Hite:

> El trato indiferente que el hombre da a la mujer en las relaciones entre solteros parece que se está volviendo cada vez más hostil y antagónico. La bárbara descortesía de muchos hombres [...] parece que representa un inmenso incremento sobre los últimos años. En ocasiones la grosería constituye una flagrante exhibición de poder y desprecio masculinos [...]. En el mundo de las relaciones fluctuantes, sin compromiso, son comportamientos tipo el que el hombre se vaya inmediatamente después de copular, que no llame o que lo haga cuando le da la gana [...] [p. 322].

> Las relaciones de muchas mujeres son desgraciadas, incluso degradantes (aun cuando ninguna quiera confesarlo), y muchos hombres tratan a la mujer con condescendencia, de una manera tan casual que en cualquier momento podrían dejar a una mujer y declararse a otra [p. 331].

23. «Doping sexual femenino», *El Independiente* (8-7-88).

> Las mujeres han de vivir con hombres que se han acostumbrado a las imágenes del «hombre Marlboro» (el solitario idealizado) [...] que no quieren comprometerse, y que creen en la «libertad», la libertad en sus relaciones con las mujeres [p. 329].

Y así sucesivamente. De creer a otra feminista y abanderada de la «revolución sexual», Germaine Greer, para los británicos «las mujeres son de alguna forma escupideras andantes», en lo que se aproximan a los useños que, según Kathy Archer, «tratan a las mujeres como retretes»; en cuanto a Australia, allí el «culto a la masculinidad es tan fuerte, tan implacable» que el interés por las mujeres no existe, siendo la australiana «una sociedad homosexual».[24]

Hite propone dos explicaciones al deterioro de la actitud masculina:

> Muchos hombres parecen haber dado un salto mental desde la actitud de los años cincuenta en que las mujeres que no representaban el papel de madre/María eran «chicas malas», a la actitud de la post «revolución sexual» de que, como hoy día la mayoría de las mujeres tienen tratos sexuales antes del matrimonio y además trabajan fuera de casa, la mayoría de las mujeres son «chicas malas» que se merecen ser tratadas sin miramientos o como a uno le de la gana.

Explicación algo caricaturesca que para Hite no contradice esta otra:

> La masculinidad ha sufrido un inmenso cambio desde la Segunda Guerra Mundial, se ha endurecido. ¿Es posible que el psique masculino colectivo [sic traducción] en América se sienta, de algún modo, incómodo con la guerra al haber aprendido a creer que está bien matar, y combatir su culpabilidad glorificándola? [...] [p. 339].

24. Entrevista en *El País* (31-7-88).

A los feministas no se les pasa por la cabeza que su ideología tenga que ver con este fenómeno. O con el similar de la vulgaridad en la conducta femenina, también en alza enorme en las últimas décadas, entendiendo por vulgaridad una mezcla de exhibicionismo sexual e imitación de los modelos, modo de hablar y de sentir de los hombres —y en particular de los hombres más brutales—. Pero no sólo tales tendencias se muestran acentuadamente en el ámbito anglosajón, donde más martilleante ha sido la propaganda feminista, sino entre la juventud de otros muchos países, la cual ha sido sometida a una tenaz «educación» y reeducación sexual desde la escuela.

Hite, Greer y otras exageran sin tasa, pero traslucen la inversión de valores de estos tiempos, plasmada en la masificación de actitudes y gustos antaño marginales, vinculados al «macarra» y a la «puta»: «sexo, drogas y rock and roll», mínimo esfuerzo de autocontención, proyección de la culpa personal sobre la «sociedad», etcétera. Un mensaje ideológico bien determinable.

Fracaso del feminismo

Pese a las victorias feministas, no es probable que las mujeres lleguen a comportarse realmente como los hombres, ni a la inversa, por muchos programas de adiestramiento social que se diseñen y mucha combinación de presiones psicológicas y administrativas que se apliquen.

Pero será difícil evitar un deterioro del aprecio mutuo entre los sexos. Pocos hombres lograrán sentir respeto por logros feministas como la mujer soldado o policía. Respeto como sentimiento natural, a no confundir con la admisión indiferente de la norma burocrática o con ciertas actitudes beatas. La reacción íntima ante la mujer armada está cargada de desprecio, agresividad y temor. Los dos primeros sentimientos se entienden sin esfuerzo; en cuanto al temor, va más allá del causado por la exhibición de agresividad de la mujer, o del peligro de desafiar las decisiones administrativas. Es más bien el miedo a la pérdida de la seguridad y la calma esperadas por el hombre de los valores femeninos.

No sólo hay desigualdad, sino asimetría entre los sexos. Un hombre puede tener gran cantidad de hijos, y una mujer sólo un corto número de ellos. En contraste, la intensidad del sentimiento paternal y el maternal no admite comparación (aunque ciertas feministas se empeñen en negarlo). Resulta incluso defendible que el sentimiento maternal enraíza directamente en la biología, mientras que el paterno se queda en cultural. Por eso, cuanto ayude a destruir los valores que vinculan al padre con sus hijos sólo puede pagarlo crudamente la mujer, y sobre todo los niños; así como, aunque indirectamente, el propio varón. Pero el sentimiento paternal y sus derivaciones legales ha sido atacado por los feministas, en especial los marxo-feministas, como causa clave de la opresión de la mujer.

El socavamiento de la relación de pareja, acompañado de prédicas moralistas en contra, se manifiesta a la perfección en el problema del aborto, acaso el más machacón caballo de batalla internacional del feminismo en años recientes. La doctrina al respecto se concentra en el lema «nosotras parimos, nosotras decidimos», el cual condensa a su vez la filosofía de las legislaciones abortistas adoptadas en muchas naciones. Ello equivale a una invitación, punto menos que irresistible, a la irresponsabilidad paterna. Y siendo el sentimiento paterno más débil que el materno, el efecto no podía ser otro que el conocido: un cada vez mayor desentendimiento del varón respecto a la prole y a la relación estable, percibidas como simple carga.

Sorprende entonces que los mismos feministas se embarquen en campañas de persuasión y hasta persecución legal del padre para que peche con sus «responsabilidades» (económicas, porque otras se vuelve arduo). Pero el padre irresponsable y feministizado replicará:

> ¿No es la mujer quien decide? Que cargue con las consecuencias y no me arrastre a mí, que no deseaba más que un rato de diversión. ¿Voy a tener que pagar la vida entera por un impulso momentáneo?

No dramaticemos el sexo. Si ella quiso tener el niño, o se descuidó, que no me complique. Que el Estado la ayude.[25]

Pocos hombres hablarían con tan franca brutalidad, pero muchos comportamientos siguen la lógica de esta respuesta, inducida por el feminismo, y se manifiestan en el aumento de madres solteras y madres adolescentes, o en el descenso anormal de hijos, piadosamente embellecido como «calidad de vida» por determinados ideólogos.

Los ejemplos aducidos en este apartado no pretenden ni pueden ser concluyentes. Sólo indicativos, una hipótesis de trabajo. Pero si se probara la conexión entre el feminismo y la chabacanización de la relación hombre-mujer y la consiguiente decepción mutua, quedaría claro asimismo su entronque con otros rasgos de lo que pudiéramos llamar «cultura contemporánea», como la expansión de la droga, la delincuencia juvenil o el aturdimiento industrializado.

Una crítica tradicional al feminismo culpaba a éste, en definitiva, de masculinizar a la mujer; y una respuesta no menos tradicional negaba que hubiera conductas y valores ligados al sexo. Pero la experiencia en contra ya no se puede ignorar, y ha forzado al feminismo a brincar de un extremo a otro: ahora encuentra la salida en que el varón se feminice (a cambio de lo cual se le prometen indecibles bienestares), lo cual entraña admitir una diversidad de valores y la confesión vergonzante del fracaso. La feminización de la sociedad,

25. De Roma, cultura patriarcal por excelencia, cuenta Mommsen, citando a Salustio, que el censor Metelo el Macedónico, admirado por sus conciudadanos a causa de sus virtudes domésticas y numerosos hijos, alentaba así a los romanos al matrimonio, que se iba convirtiendo entre ellos en un «contrato de alquiler» demasiado pasajero: «Si pudiéramos, ¡con cuanto gusto arrojaríamos esta carga! Mas, puesto que la Naturaleza lo ha dispuesto de tal modo que no se puede vivir cómodamente con una mujer, ni tampoco sin ella, miremos más al bien público, que es duradero, y no al corto y transitorio bienestar de este mundo» (Aguilar, 1955, p. 476). Con su curioso argumento, Metelo supera en sentido del humor, aun si involuntario, a los feministas. Compárese con la salida de un cándido comentarista de Hite en *Cambio 16* (4-7-88): «La conclusión de que el matrimonio es una institución maravillosa para los hombres pero no para las mujeres es ya conocida y aceptada en círculos académicos bien informados». El bravo comentarista debe constituir, él solo, todo un círculo académico bien informado.

o sea, del varón, es el grito de guerra del informe Hite, que no hace sino sistematizar una campaña persistente desplegada desde hace años en los medios de masas.[26]

La doble cara éxito-fracaso del feminismo se asemeja a la de cualquier otra ideología. Ninguna muestra tan instructiva como la del comunismo, cuyo espectacular triunfo histórico es la cáscara brillante del completo fracaso de sus ideales y metas, cada día más remotos. Por el contrario, ha convertido en prisiones a países enteros, y añadido a la historia de este siglo un escalofriante plus de sufrimiento y ferocidad.

Lesbianas satisfechas

> Ah, el amor en los ochenta. Hombres que lloran. Mujeres que compiten. Padres que crían a los hijos. Mujeres que saben imponerse. Sentimientos compartidos entre compañeros iguales. Igual cuota de trabajo casero y de orgasmos. Dos carreras provechosas [...].

Así empieza la tímida crítica de *Time*[27] al informe Hite, sintetizando el ideal feminista. Lo malo es que, como concluye la crítica a propósito de un ideal derivado, ¿para qué se necesitarán entonces hombres y mujeres? «Por fin una salida pacífica a la guerra de sexos»... suprimiendo los sexos para acabar con la supuesta guerra.

El objetivo del feminismo es la igualdad, y por tanto la exclusión de la complementariedad entre los sexos.[28] Ausente la complementa-

26. Destacado adalid de la campaña feminizadora es *El País.* Una anécdota de cierto interés: dialogaba en un bar una pareja que leía *El País Dominical.* «Mira —dijo la chica—, la frase "alcánzame el bodi, cariño" la dirán también los hombres» (o algo por el estilo). Irreverente, su compañero contestó: «Eso son las mariconaditas de *El País*».

27. *Time* (12-10-87).

28. El feminismo femenino siempre ha vacilado entre la igualdad con el varón y la idea de los valores femeninos como «otra cultura». Pero la base es siempre la abolición de la complementariedad. En unos momentos ha predominado la masculinización de la mujer arguyendo que no hay valores ligados a los sexos, y en otros se exalta disparatadamente ese tipo de valores, negando que la «cultura» de la mujer necesite la del varón, o proponiendo una feminización general que parece ser el bandazo hoy predominante.

riedad esencial, el único aspecto de interés mutuo serán las relaciones sexuales físicas. Empero, dichas relaciones no tienen por qué ser heterosexuales. Siguiendo la vía por la que encauzan el asunto las ideologías, el sexo se limita a una necesidad fisiológica, satisfactible de diversas maneras igualmente válidas. Como lamenta Germaine Greer (con aversión no justificada en sus propios principios), la cuestión consistiría en «descargar la energía sexual de manera regular, como un lavado de estómago».[29] O, como instruía el buen Wilhelm Reich a la juventud avanzada, viene a ser algo parecido al rascarse.

Porfía el mensaje feminista en que la homosexualidad y la heterosexualidad son perfecta e igualmente válidas. Pero la lógica debiera inclinarle a preferir resueltamente la homosexualidad, cuando menos en tanto no se alcance la igualdad real de los sexos (que parece ir para rato). Otro problema consiste en que la homosexualidad reproduce a menudo, en remedo, la división de papeles; pero eso se superaría, sin duda, con mayor rapidez que la desigualdad heterosexual.

Los feministas han negado, ambivalentemente, la propensión de su doctrina a una sociedad homosexual. Pero el informe de la señora Hite posee mayor consistencia lógica: es un ardiente canto al lesbianismo. Según Hite, «el 46% de las lesbianas piensan que su homosexualidad es una elección» y, más significativamente, la mitad de éstas la consideran una «elección de carácter político» (p. 729), esto es, de carácter feminista.

Si a las mujeres de Hite les va muy mal con los hombres, en cambio «el 82% dicen que sus relaciones (lesbianas) [...] son excelentes» (p. 665); «tienen un porcentaje mayor de orgasmos» (p. 670); «el porcentaje de mujeres homosexuales que aprecian la vida con unas relaciones apasionadas[30] es bastante más alto que entre las mujeres heterosexuales» (p. 662); «el enorme entusiasmo y orgullo expresa-

29. *El País,* entrevista citada.

30. La traducción es mala, como digo.

do por casi todas las mujeres lesbianas es notable» (p. 710). Y un largo etcétera.

De lo que concluye la sagaz encuestadora:

> Las vidas de mujeres juntas tienen un entramado muy rico y propio [...]. La existencia de ese mundo es un gran recurso cultural; él provee un lugar de donde se extrae fortaleza y belleza, está abierto a todos los placeres [...] y muestra nuevos modos de ver las cosas [...].
>
> De hecho, la historiadora Carroll Smith-Rosenberg ha escrito: [...] «Ver la heterosexualidad cual una construcción artificiosa impuesta a la humanidad, sería un concepto revolucionario».
>
> ¿Quién puede decir que lo más «natural» es amar al sexo opuesto o al propio? Los griegos de la Antigüedad se habrían visto en un dilema para responder a eso [pp. 738-9].[31]

«En cierto modo las relaciones entre mujeres son superiores», reconoce Hite, si bien virtuosamente advierte que «no se puede dictaminar que las mujeres dejen de ser heterosexuales y se hagan homosexuales» (p. 730).

La propia encuestadora no se ha decidido, pese a tanta maravilla, por la superior «cultura» lesbiana... «todavía».[32]

¿Cuántas son las mujeres de Hite?

Por contraste con las lesbianas, las mujeres que prefieren a los hombres pagan con un verdadero calvario su irreflexiva inclinación cultural.

---

31. Es tradicional el abuso de los griegos, ya colando de rondón la homosexualidad entre sus logros culturales, ya con lucubraciones al estilo de ésta. Las racionalizaciones de los griegos (Platón) sobre la homosexualidad indican que no la tomaban del todo naturalmente. La pederastia se consideraba un invento, atribuido por algún mito a Orfeo. Y si la sociedad se dividiera en dos «culturas» homosexuales, masculina y femenina, ¿cuál sería superior? Para los griegos sí que no habría duda. Ni especial razón para tener contemplaciones con la «inferior», es decir, la femenina. Y es de temer que no sólo para los griegos.

32. *El País* (1-8-88).

Según el informe Hite, el 91% de las mujeres dice que los hombres utilizan con frecuencia palabras estereotipadas que las rebajan o las degradan; el 92%, que son tratadas con condescendencia; el 61%, que las reacciones de sus maridos o amigos son con frecuencia destructivas; el 76%, que su marido o amante rara vez trata de atraerlas y que hablen de sus ideas o sus sentimientos; el 69%, que los hombres generalmente no escuchan ni preguntan, etcétera. Con lo que el 91% de las mujeres que se han divorciado ha sido a iniciativa propia; mientras que el 70% de las casadas más de cinco años tiene relaciones sexuales fuera del matrimonio, y un 94% «hablan de amistades muy íntimas e importantes con otras mujeres» (sin llegar a la intimidad física, en principio). Y así sucesivamente. No insistiremos porque ya la prensa ha divulgado abundantemente lo más chocante de los datos.

La señora Hite dice haber enviado cien mil cuestionarios, y recibido cuatro mil quinientos contestados. Ese porcentaje, indican los críticos, señala una fuerte autoselección de la respuesta (y mucho más si se conocía a quién se contestaba). Sin contar que para las lesbianas militantes una encuesta así es la mejor ocasión para hacer propaganda de su causa, con apariencia de objetividad.

¿Se deduce, entonces, que las mujeres que sienten o piensan a lo Hite suman en torno al 4,5% del total? ¿O que ese porcentaje refleja los sentimientos predominantes del resto? En realidad no se deduce nada.

Aun si los testimonios del informe dibujaran fielmente una realidad social, las conclusiones feministas no derivan, ni pueden hacerlo, de esos testimonios, sino de principios ideológicos previos. Y a la contra, la validez de esos principios no requiere para nada los testimonios. Ejemplo: la denuncia por Marx de la explotación obrera en Inglaterra en el siglo pasado describía seguramente una situación muy corriente. Pero ello no sostiene en lo más mínimo la teorización marxista, pues la corrección de la teoría nace en primer lugar de la coherencia doctrinal interna, y si la misma no existe, el que la realidad parezca corroborar partes de la teoría es puro espejismo. Ni el capitalismo funciona como Marx dictaminó, ni la dictadura del proletariado es factible ni va a traer a la Humanidad mayor democracia y paz, por mucho que la descripción marxiana de determinados fenómenos sociales resulte aproximadamente fiel.

O bien: el nazismo no sería más verdadero ni sus soluciones mejores para la propia Alemania si hubiera llegado a apoyarlo el noventa por ciento de los alemanes.

Así, la dinámica del feminismo conduce a una sociedad homosexual. Y no sólo como «cultura» preferible mientras no llegue la igualdad de los sexos, sino siempre, porque tal igualdad cuenta con escasísimas probabilidades de pasar de la imaginación. Y ese remedio tiene marca común con la dictadura proletaria o con la promesa de andar a cuatro patas para superar las molestias de espinazo.

Y a la inversa, la lógica de la ideología no precisa que los datos reales la verifiquen. Siendo la vida tan multiforme y cambiante, nunca faltarán al ideólogo datos en que apoyarse. Y da igual si esos datos son del orden de un cuatro o de un noventa por ciento, porque es privilegio de la ideología discernir qué datos poseen relevancia y cuáles no. En tal sentido, un cuatro por ciento favorable a las tesis recibirá un valor decisivo, y el resto se juzgará como paja, apariencia o hipocresía. Y así los feministas siempre se creerán autorizados a hablar en nombre de «la mujer», sin necesidad de consultarla. La consulta, si se hace, tiene sólo valor ilustrativo o de añadidura.

Casi todas las mujeres (y no sólo ellas) expresarán en mayor o menor grado quejas como las recopiladas por Hite. Nadie es completamente feliz, ¿se concluye de ahí que todos somos desdichados? ¿O que debemos adoptar las recetas que los sacamuelas ideológicos nos tratan de imponer? Una cosa es admitir que a casi todos nos duele la espalda —y a algunos les atormenta— y otra ponerse a andar a cuatro patas.

Entre las ideologías, el marxismo ha suministrado alternativas trabajadas, con un gran esfuerzo de coherencia. En comparación, las del feminismo tipo Hite son de una tosquedad sólo parangonable a la del anarquismo butifarreño. La sociedad deberá regirse por «valores femeninos»... no definidos en absoluto, salvo con brumas de verbosidad en torno al concepto de «nutricio» y de «positivo»: amor, sensibilidad, comprensión, comunicación, etcétera, y oponiéndolos a los valores masculinos, inapelablemente negativos, ligados a la idea de «jerarquía» y concretados en opresión, incomunicación, lucha por «estar arriba» y demás plagas que han conducido al mundo «al borde de la destrucción» y del desastre ecológico. El conjunto de caricaturas presentadas como teoría queda un poco alucinante y a su modo divertido.

La cuestión estriba en que, como expone Hite de otra feminista, «el próximo siglo es nuestro, tanto mentalmente como en cualquier otro aspecto»[33] (o sea, también quieren «estar arriba»). O mejor todavía:

> Las actuales metas políticas [...] no son las de participar en plan de igualdad en el mundo del hombre, como tampoco devolver a la esfera y los valores de la mujer su dignidad y mérito. Semejantes ideas han quedado superadas ante la voluntad actual de suprimir a un tiempo los sexos y su jerarquía, y junto con ello todo tipo de dominación.[34]

Hite, aunque cita estos hallazgos con simpatía, vacila. No obstante, ella y las demás prometen tal cantidad de amor, comprensión, comunicación y ternura, y a un precio tan bajo, que ¡cualquiera se resiste! Quizá el punto débil resida en que las buenas intenciones no pertenecen a la esfera de los bienes escasos. Son bienes por así decir inagotables y automáticamente renovables, con lo que cualquiera hace uso masivo de ellos sin apenas gasto de energía mental.

33. Vid. p. 879.
34. Vid. p. 869. De la feminista J. Kelly.

Una ingenua vanidad

Está probado que la modestia científica no paga, y por esa u otra razón la señora Hite evita el error de practicarla. Se presenta como «historiadora e investigadora cultural mundialmente reconocida», con «dos licenciaturas en Historia, y miembro de diversas organizaciones culturales y científicas». La publicidad de su libro reconoce que el informe constituye «el trabajo más importante sobre hombres y mujeres desde *El segundo sexo*, de Simone de Beauvoir».[35] La contraportada admite que en el libro de Hite se expresa «la mujer» (no algunas de ellas), cuestionándose «no sólo relaciones con el hombre» sino hasta «las propias definiciones del amor que le fueron inculcadas en su educación», todo lo cual «ocurre por primera vez en la Historia». Si Hite se coloca detrás de Simone de Beauvoir debe de ser por puro cumplido.

La proeza de Hite culmina «una monumental trilogía» de cuyos tomos anteriores el primero «desmontó los mitos relacionados con la sexualidad de la mujer», mientras el segundo «exploraba las emociones, hasta entonces desconocidas, del hombre». Con lo cual nadie se asombrará si esta obra «llega a prefigurar nuestro futuro y contiene el potencial capaz de cambiar el diseño de nuestra sociedad».

Los cretinos que achacan estas obras a frustraciones personales recogen la réplica por anticipado: Hite hace gala de su feliz vida conyugal, informando de que su marido «colma mi vida de música, poesía, más a cada día que pasa [...] con tantas formas de belleza». Desde luego, si alguien puede saberlo es ella.

Nuestra edad ha producido, como ninguna, personajes que se proponen trastocar desde los cimientos —mediante cuatro magníficas recetas flanqueadas por legiones de denuncias y buenas intenciones a la par—, algo tan complejo, delicado y en buena parte ininteligi-

35. Una opinión mía, sin pretensiones de objetividad, es que *El segundo sexo* ha ocasionado más neurosis que una catarata de traumas infantiles. El dilema de si la mujer «nace o se hace» no tiene mayor enjundia que el de si el hombre come o bebe (o el de si debe bailar o desfilar).

ble como son los entramados y equilibrios sociales, anclados en una evolución histórica y biológica asimismo complejísima. Estas pretensiones, increíblemente vanidosas por no decir palabra más contundente, se enmascaran con velos de falsa modestia, en cuya danza son expertos los ideólogos. Y entre tanto lodazal de hipocresía resalta como una perla la fresca ingenuidad con que expone y valora sus proyectos la feliz señora Hite, a quien sólo cabe desear las mayores venturas y que logre contagiarnos a todos su dicha.

En rigor el informe trae poco de nuevo. Sus quejas y problemas sonarán familiares a cualquier pareja, y la literatura los ha trabajado incansablemente a lo largo de siglos. La aportación de Hite en este sentido consiste en la pesada trivialidad de sus construcciones ideológicas y su impregnamiento del modo de vida «americano».

Pero lo dicho no impide que el libro sea en extremo instructivo y recomendable. También, en ocasiones, divertido, como cuando saltan a la imaginación las contraquejas que darían a las mujeres sus compañeros, los cuales —y eso añade una buena dosis de gracia— no reciben la mínima oportunidad de defenderse, por malvados.

La importancia del libro radica en que la señora Hite ha dado a miles de mujeres una plataforma para expresar sus deseos, experiencias y frustraciones. No conozco otra obra en que todo ello salga a la luz de manera tan vívida y dramática.

Con lo cual el valor cualitativo del trabajo rebasa enormemente el de su dudosa representatividad o sus más que dudosas teorizaciones. La veracidad de los testimonios es impresionante y nadie dejará de sentirla e identificarse en mayor o menor grado con ellos. Sólo por eso la señora Hite se hace acreedora al agradecimiento de sus lectores.

Y sean cuales fueren los índices de representatividad de la encuesta, el problema que refleja no se halla en vías de arreglo, sino de empeoramiento: el deterioro de la relación entre los dos sexos. En tiempos como los que corren, tan alterados, la crisis tenía que alcanzar de lleno a dichas relaciones, y eso constituye una de las principales cuestiones de nuestra época. La mezcla de vergüenza y broma con que se lo suele abordar —salvo por las feministas que, en el polo opuesto, rondan a veces la histeria— debiera ir dejando paso a una actitud menos rígida.

Este artículo no propone ningún remedio, porque el autor no lo conoce. Pero sí quiere llamar la atención sobre dos hechos: la creciente gravedad del problema y el callejón sin salida al que lo aboca la ideología feminista.

LAS «MARUJAS»

UN rasgo esencial, como he dicho, del feminismo, es el desprecio y el odio a las labores del hogar y la educación de los hijos. Esa presión ha empujado a muchas amas de casa a adoptar aires «emancipados», a fumar y beber, a emplear un lenguaje soez incluso con sus hijos pequeños, a ceder su papel educativo, ya medio esfumado, a la televisión, etcétera. Han aumentado también la depresión y el autodesprecio, la sensación de inutilidad, el alcoholismo, etcétera, pese a la evidencia de que su desvalorizado trabajo no es menos, sino más fundamental que el profesional, realizado antes por hombres y ahora por unos y otras.

El escritor Ricardo Senabre publicaba en *ABC,* el 23 de agosto de 1997, un artículo titulado «Marujas», del que vale la pena citar unos párrafos:

> [la palabra «maruja»], de ser un hipocorístico familiar del nombre María ha pasado a designar —con evidente carga desdeñosa— a la mujer que «se queda en casa», que «no hace nada», que «no trabaja». Pocas veces se ha producido con mayor rapidez la difusión de una idea más falsa e injusta [...]. Esta sociedad nuestra, cada vez más insensible, más ajena al raciocinio y más adicta a consignas y tópicos, descubre con frecuencia grotescas contradicciones. He discutido

> a veces con personas que, invocando una libertad cuyo significado parecía serles un tanto nebuloso, defendían que la prostitución, por ejemplo, es un oficio tan respetable como cualquier otro; pero luego hablaban con desdeñosa condescendencia de las «marujas», sin duda —hay que suponerlo así— porque éstas no salen a trabajar por las esquinas y bares de alterne. ¿Cabe mayor aberración? [Pero las marujas] limpian, cosen, planchan, administran y distribuyen los ingresos de la familia, organizan su alimentación, su vestimenta, su ocio, e incluso mantienen la pervivencia del grupo como tal entidad familiar. Cuando se afirma, rozando las cimas de la irracionalidad, que estas mujeres no aportan dinero a casa, habría que sugerir a quienes así se retratan que intenten calcular —si son capaces— cuánto aportan en esfuerzo, en horas de trabajo y dedicación, en desinterés —no hablemos de otras donaciones, como el amor o la generosidad, que empiezan a no llevarse— y que lo traduzcan a dinero contante y sonante. En muchos casos, el sueldo de esa «maruja» que, según la traducción común, «no trabaja», es superior al de cualquier miembro de la familia, y con frecuencia gracias a su contribución salen los demás adelante con dignidad.

Sobre la aversión a los hijos observaba Doris Lessing, entrevistada por Juan Ramón Iborra en *Blanco y negro*: «Es una de las cosas que recriminé al movimiento feminista. Ellas trataban a las mujeres que decidían tener hijos como si fueran ciudadanas de segunda clase». A lo que replica el oficioso entrevistador con una enfática tontilocada: «Con o sin hijos, son ciudadanas de segunda. El mundo está dividido en ciudadanos de segunda, de tercera. Son las mujeres, los ancianos, los pobres del Tercer Mundo...». No sé qué pensaría la pobre y lúcida escritora, que se despacha a gusto con las gansadas progres, sin que el entrevistador se dé por aludido. Insiste éste: «Será cuestión de tiempo que las cosas cambien». Respuesta:

> Tal vez. Aunque puede que se le haya escapado un detalle: que las mujeres no parecen tener gran prisa por meterse en política, o en la gran empresa. Me pregunto por qué [...]. El banco Natwest

> tenía un proyecto para promocionar a las mujeres dentro del propio banco y descubrió que sólo le interesaba a una parte muy pequeña de empleadas. Les brindaron cursillos especiales y cosas por el estilo, pero en general, las mujeres no querían competir. En cambio, lo que sí deseaban era casarse y tener familia [...] a excepción de una minoría. Y aquello me resultó sumamente interesante porque, a pesar de tanto movimiento feminista, esto es todavía lo que parece que la mayoría de las mujeres quiere. Y no veo por qué no [...]. Me parece que no es justo que reciban críticas por pensar así.*

The Economist, revista reciamente feminista, publicaba del 9 de octubre de 1999 el curioso resultado de una encuesta. En los países desarrollados occidentales, la gran mayoría de las mujeres pensaba que debiera tener los mismos derechos que los hombres: el 62% en Usa, el 80% en Holanda, el 70% en Alemania, el 73% en Gran Bretaña. Suiza es la excepción, con sólo un 39%. En realidad, esa igualdad les está reconocida y muy ampliamente aplicada, incluso con «discriminación positiva», en esos países, pero sólo una mínima

* Contestando a una pregunta «inteligente» comenta: «Que yo sepa, a Simone de Beauvoir nunca le gustó ser mujer. No le gustaba serlo y siempre se estaba quejando de ello. A mí no me parece nada terrible. Tiene sus ventajas. Y de todas maneras ¿qué puedes hacer? Lo que me asombra es que noto cierto tono de queja en lo que dice. ¿A quién dirigía sus quejas? ¿A la naturaleza?».

Sobre la generación de los sesenta, opina: «Tal vez sea la cosa más exasperante de tantas como se decían en aquellos años: "Todo lo que necesitamos es amor". Sí. Todo lo que necesitamos. Para mí esto resume lo que fueron los años sesenta: la estupidez personificada». En otro momento: «No recuerdo que mi generación tuviera estas expectativas tan descomunales. Parece haber una generación entera que se comporta como si le hubieran prometido algo que no ha recibido, lo cual me parece increíble. No entiendo quién les ha prometido cosas y cuándo. Vayas donde vayas, encontrarás a gente con una suerte de enfado, de ira malhumorada, como si le hubieran engañado [...]. A través de la Historia se ve que las expectativas de la gente no se cumplen. Que la gente no recibe lo que quiere. Y que las cosas no permanecen estables mucho tiempo. Entonces, ¿cómo existe esta generación que piensa que se les debe tanto? ¿Quién les debe? Quizá tenga algo que ver con la publicidad, que te lo promete todo. Puede que exista una generación alimentada a base de publicidad y que supuso que tenía derecho a tenerlo todo. Ya sabe, zapatos, ropa... *y felicidad*. Coches y placer durante el resto de su vida. Lavadoras y dicha eterna».

parte de las encuestadas creía tenerla: el 8% en Usa, el 14% en Suiza, el 20% en Holanda, el 7% en Alemania y el 9% en Gran Bretaña. Contradiciendo un tanto ese pesimismo, la casi totalidad (más de un 90%), se consideraba en «mejor posición» (económica, evidentemente) que sus abuelas. Pero, en una nueva y chocante contradicción, sólo una minoría se sentía más feliz que sus abuelas: el 28% en Usa, el 27% en Suiza, el 25% en Holanda, el 29% en Alemania. Gran Bretaña era una relativa excepción: el 42%.

Estas incoherencias parecen bastante explicables: la mujer afronta el trabajo profesional y al mismo tiempo lleva a trancas y barrancas el hogar y los hijos, pues, a pesar de todas las prédicas y presiones, el hombre tiene menos interés u otras actitudes al respecto. Pese a la omnipresente propaganda sobre la «emancipación» y la «liberación» de la mujer, ésta sufre a menudo la sensación de no hacer bien nada, y un enorme estrés manifiesto en el número creciente de mujeres que renuncian a tener hijos o a tener más de uno, en trastornos depresivos y de la conducta, en los hogares sin contenido y en los «huérfanos con padres», las separaciones y divorcios, con las consecuencias evidentes para todos, y en especial para los hijos, etcétera. Esa dinámica tiene muy difícil marcha atrás, porque se tiene la sensación, a menudo cierta, de que un solo sueldo no basta para mantener la «calidad de vida», es decir, el nivel de consumo impuesto por una publicidad casi hipnótica. En mi opinión, el feminismo y los fenómenos relacionados con él constituyen una verdadera plaga cuyos efectos sólo empezamos a entrever.

LOS POLÍTICOS Y EL SEXO

¿Tienen los políticos una vida sexual satisfactoria? A esta pregunta usted responderá que probablemente no —aunque depende de quiénes— y que en cualquier caso a usted le importa un bledo. Parece la respuesta más lógica, pero quizá no vaya usted tan acertado como parece. Porque si a usted no le importa la vida sexual de los políticos, a ellos sí les interesa mucho la de usted y, especialmente, la de sus hijos. No hace tantos años, a nadie se le ocurriría que esa gente fuera a meter las narices en la sexualidad ajena y a dictar al respecto normas morales o lo que sean; la mera idea habría causado asombro y escándalo, pues se suponía que ese terreno es íntimo y vedado a los profesionales del poder. Y sin embargo, hoy se da por cosa natural. La expansión del Estado, bien visible en la economía y en tantos otros aspectos, se ha extendido hasta ahí, sin que al parecer nadie se extrañe.

La intromisión, conviene recordarlo, empezó, o al menos cobró su impulso decisivo, a raíz de la plaga del SIDA, difundida sobre todo en medios homosexuales y a través de la droga. Más que con la homosexualidad, yo creo que plaga tiene que ver con la promiscuidad, igual que otras muchas enfermedades, aunque ésta sea peor: en los homosexuales la promiscuidad está mucho más extendida y a través de ella el SIDA se propagó bastante a los no homosexuales.

Y como nuestros políticos son muy partidarios de la promiscuidad y consideran que lo moderno es considerar la homosexualidad una «opción tan normal como cualquier otra», se movilizaron rápidamente, no fuese a creer la gente que el SIDA era un castigo divino o algo así. Empezó la difusión masiva desde el poder de la propaganda homosexual militante y feminista, las desvergonzadas campañas de condones, los repartos de preservativos en los colegios —a veces directamente por políticos—, la fraseología empalagosa con pretensiones humanistas, científicas o sanitarias, etcétera, diciendo a los ciudadanos lo que debían creer y hacer para tener una sexualidad *moderna*. Hoy ese lavado de cerebro pretende oficializarse desde la infancia mediante la educación para (contra, en realidad) la ciudadanía, en muy alta proporción educación para (contra) el sexo.

Por eso viene a cuento preguntarse sobre la sexualidad de estos sujetos, que se han erigido por las buenas en instructores sobre estos negocios y utilizan para ello un dinero que, al no ser suyo, están robando, pura y simplemente, en su afán de entrometerse en lo que no les concierne y manipulando así, más aún, a la gente.

Lo preferible sería un rechazo frontal de los ciudadanos, que pusiera a esos golfos en su sitio. Pero eso está hoy por hoy muy lejos de suceder, y mientras tanto cabe exigir a los políticos coherencia con sus propias doctrinas. Lo he escrito en varias ocasiones y la gente, que acepta atontadamente unas intromisiones intolerables, lo ha tomado a broma: así como cabe exigir a los obispos que no sólo prediquen la oración, sino que la practiquen en público, así a los políticos debe obligárseles a salir en la televisión «practicando sexo», como se dice ahora, y así los ciudadanos podrán juzgar si tienen la maestría apropiada a la misión que se han autoatribuido. ¡Qué menos! Hace poco Soraya ha dado un tímido, muy tímido paso en esa dirección, pero el camino está por recorrer, y exigir coherencia a los gobernantes es un derecho humano elemental. Alguno argüirá que ello degradaría a la política, pero más degradada que está... A mi juicio, colaborar con los asesinos de la ETA es peor y ahí han estado y están.

LA DESTRUCCIÓN TOTALITARIA DE LA HISTORIA

TRECE ROSAS Y MUCHAS JETAS

COMO es sabido, el fusilamiento de trece mujeres en 1939, hecho sin precedentes ni continuaciones en el franquismo, ha sido explotado inmensamente por la propaganda comunista, en primer lugar, y luego por la izquierdista en general. Como he expuesto en *Años de hierro*, creo que sin que nadie haya podido rebatirlo, se trataba de un grupo de las Juventudes Socialistas Unificadas (JSU), en realidad comunistas, y precisamente el sector más fanático y estalinista del PCE, que había intervenido en multitud de asesinatos.

En este caso, el hecho concreto por el que fueron fusiladas —junto con cuarenta y dos hombres de los que nadie se acuerda— fue el asesinato a sangre fría de un militar, su hija adolescente y un soldado conductor en la carretera de Extremadura, un atentado típicamente terrorista. El fusilamiento fue, desde luego, un crimen legal, pues la mayoría de los encausados no estaban implicados de manera inmediata en el triple asesinato de las JSU, aunque sí en los aledaños del núcleo que lo perpetró. El motivo de tan inusual reacción del régimen fue aplastar de raíz aquel tipo de actividad y, sobre todo, destruir la esperanza de reorganización comunista. Así venía a explicarlo la nota oficial:

> Todo esfuerzo contra este país puesto en pie a través de horribles sacrificios; todo esfuerzo encaminado a perpetuar los hábitos de la criminalidad política [...] apenas se haya producido quedará inexorablemente aplastado [...]. Terrible ha sido el fallo [...]. Cada vez que se produzca un hecho semejante al de la carretera de Extremadura, la decisión de la justicia [...] será tan implacable como en esta ocasión [...]. Nadie, y por ningún motivo, podrá volvernos a la tragedia y al espanto que exigieron una guerra.

Típicamente, la izquierda ha cultivado una tremenda sentimentalidad personalista en torno al caso, lo que puede admitirse. Pero con la inadmisible trampa habitual, ha presentado a las víctimas no como estalinistas —es decir, insertas en la ideología y el aparato político que mayores genocidios ha cometido en el siglo XX—, sino como campeonas de la *libertad*, de la *democracia*, etcétera: «la constante mentira comunista» de la que hablaba Marañón.

La trampa ha sido doble por parte de los (y especialmente las) sinvergüenzas del PSOE que, con su mentalidad, al parecer indesarraigable y tan reiteradamente demostrada, de simples chorizos, han querido apropiarse una bandera que no es suya. No está mal que estos señoritos y señoritas rojos y rojas explayen su identificación con el estalinismo; sirve como una de tantas señas de identidad. Pero con razón han protestado los comunistas y otros: lo que hacían aquellas células de las JSU era exactamente lo contrario de lo que hacían los jefes socialistas de entonces, que era pelearse en el exilio por los inmensos tesoros que habían robado a todos los españoles y que habían llevado consigo en su fuga, mientras abandonaban en el interior a sus sicarios, expuestos a la venganza de Franco.

Por mucho que haya llegado a repugnarnos el estalinismo y sus crímenes, no hay duda de que seguir reorganizándose dentro de España, expuestos a una terrible persecución, tiene algo de heroico, o al menos de respetable. La actitud del PSOE nunca ha tenido ese rasgo: todos sus actos, sin faltar los terroristas, abundantes en su historial, los ha cometido desde una posición de fuerza o en la esperanza de la impunidad y en medio de una enorme corrupción. Impunidad que se cumplió para sus dirigentes huidos, a quienes nada importó el destino de los suyos dentro de España.

¿Es que Leire Pajín y demás cargos del PSOE ignoran estas cosas? De ningún modo. Las conocen perfectamente, mucho mejor que la mayoría. Y es precisamente porque saben que la gran mayoría —inmersa en la televisión basura y similares— ignora éstos y tantísimos hechos más, por lo que ocultan la realidad e inventan una leyenda barata. Porque ellos no son fanáticos, sino manipuladores. Y lo que persiguen es difundir un fanatismo del que esperan sacar rentas electorales, ya que ése es precisamente su negocio: sus cargos, sus beneficios, sus prebendas, dependen de su habilidad en manipular la ignorancia. También dependen de ello sus bien conocidas corrupciones. Esta manipulación es ella misma una corrupción.

Reconocer que el fusilamiento de la mayoría de aquellas personas fue un crimen legal no puede servir de pretexto, en una democracia, para falsear la historia; sí en un régimen totalitario. Al obrar como lo hacen, ya sabemos con qué y con quiénes se identifican nuestros socialistas. No en vano vuelven a llamarse «rojos» estos personajes.

DUDOSO HONOR PROFESIONAL

Recuérdese que cuando Ricardo de la Cierva plantó cara casi en solitario a la sistemática falsificación de la historia por la izquierda, la derecha contribuyó a aislarle, asestándole de paso unas cuantas puñaladas traperas. Una actitud que, por inesperable, resultaba más artera que la de la izquierda y los progres.

Veo ahora en *ABC* (11-12-2008) una entrevista a Ángel Viñas por su último libro, y no puedo menos que acordarme de las entrevistas que me hizo la prensa de derechas por mi libro *Años de hierro*, es decir, ninguna. Ni siquiera reseñas. Silencio casi absoluto. Y tiene su lógica. Como dice el entrevistador, el de Viñas «es el libro de historia más esperado de este primer trimestre editorial», mientras que *Años de hierro* carece de todo interés para la izquierda y para la derecha, no se sabe cuál de ellas más concernida en falsificar el pasado. De hecho, agradecí a *Público* su entrevista, aunque de ella se valieran otros izquierdistas para intentar meterme en la cárcel.

El libro de Viñas se titula *El honor de la República,* honor que él deposita en Negrín y Stalin, lo cual ya lo dice todo sobre la obra y el obrero, quien fue uno de esos funcionarios franquistas de cierta confianza que con el tiempo —es decir, cuando ya no había riesgo alguno, sino muchas ventajas— se volvieron tan furiosamente antifranquistas como comprensivos hacia personajes históricos como los citados. Otro caso fue Cebrián, entre tantos otros.

¿Por qué defiende Viñas a Negrín y a Stalin? Por una razón básica: porque se opusieron a Franco. Eso les exonera de todos sus crímenes. Sobre Stalin no hace falta extenderse, cuesta poco imaginar los sentimientos de Viñas cuando Solzhenitsyn, muerto Franco, vino a Madrid a decir unas cuantas verdades poco agradables a nuestros antifranquistas. Según Viñas, Stalin defendió la democracia más incluso que el propio Negrín, proponiendo a éste, en vano, unas elecciones «para favorecer la legitimidad democrática en plena guerra». Podemos imaginar qué serían unas elecciones manejadas por Negrín y Stalin y bajo un Partido Comunista ya hegemónico en el Frente Popular. Pero para Viñas no hay problema, todo es «legitimidad democrática».

Encontramos aquí, como ya advertí en otra ocasión, un problema de terminología, parecido al de llamar «proceso de paz» a la colaboración con los terroristas. Viñas entiende por democracia lo mismo que entendían Stalin y Negrín. Conviene despejar estos equívocos, producto de una perversión sistemática del lenguaje, pues de otro modo entraríamos en un laberinto de argucias.

Así también, Viñas no distingue entre el Frente Popular y la República, asaltada en 1934 por los partidos que montarían el Frente Popular y liquidada por éste desde las elecciones de febrero de 1936. A partir de esas elecciones completamente anómalas, se desató una vorágine de incendios de iglesias, sedes y prensa de la derecha, registros de la propiedad y otros muchos bienes, con unos trescientos muertos en sólo cinco meses, que culminaron en el secuestro y asesinato del jefe de la oposición monárquica, Calvo Sotelo, una declaración de guerra en sí misma. Mientras tanto, el Gobierno vulneraba masivamente la legalidad, expulsando al presidente de la República, arrebatando actas de diputados a la derecha, depurando de elementos no izquierdistas diversos aparatos del Estado, anulando la independencia judicial, dedicando su policía a perseguir a las víctimas derechistas al tiempo que dejaba impunes los crímenes de la izquierda, etcétera. Como decía Madariaga, la libertad y la misma vida dejaron de tener seguridad. Pues bien, a ese panorama lo denomina Viñas «democracia», mientras que cualquier persona razonable no simpatizante de Negrín y de Stalin lo consideraría un proceso revolucionario abierto. Debemos suponer, igualmente, que a nuestro historiador no le importaría la vuelta a España de una situación similar: después de todo, no dejaba de ser una democracia, ¿no?

Asimismo, el inmenso expolio de bienes privados y públicos; la destrucción del patrimonio artístico y nacional, de bibliotecas o monasterios; la pelea posterior por el tesoro del *Vita*; la misma persecución, con torturas y asesinatos (lo de Nin distó mucho de ser un caso aislado), contra las mismas izquierdas disidentes; los campos de concentración peores que los franquistas; la creación del SIM, una policía política al estilo y con inspiración directa del NKVD soviético; el hambre generalizada en 1938 por una pésima gestión económica; la corrupción rampante en las compras de armas; la creación ilegal de un ejército particular de carabineros; el ilegal envío del oro a Moscú con falsos pretextos bastante bien explicados por Martín Aceña, y tantas otras hazañas de Negrín como podrían exponerse, no afectan, para Viñas, al «honor de la República». Algunos, en cambio, los consideramos hechos definitorios.

Tiene su gracia Viñas cuando, al estilo de Moradiellos y otros, cree o dice creer que Stalin se volvió demócrata en relación con España por miedo a Alemania e Italia. ¡Grandes analistas! Ese miedo no impidió al sanguinario amo de la URSS (y casi de España), ser el primero en introducir masivamente armamento, asesores y tropas especiales, o las Brigadas Internacionales (la Legión Cóndor y los voluntarios italianos vinieron después). Ni en dirigir el Partido Comunista de aquí hasta convertirlo en un agente suyo que se volvió el más potente de todos y ocupó las posiciones clave en el ejército y la policía, decisivos para cuando llegase una victoria que afortunadamente no les llegó. *La Pasionaria*, como José Díaz y otros, tienen algunas frases muy indicativas de sus intenciones que, según Viñas,

¡se opondrían a las de Stalin! Y, por supuesto, al mismo tiempo Stalin procuró la intervención de las democracias, porque le interesaba ante todo el choque entre éstas y las potencias fascistas, del que sólo podía esperar los mayores beneficios. Con esa política trató primero de incitar a las democracias contra Alemania y, al fracasar, de incitar a Alemania contra las democracias, aliándose con Hitler para repartirse Polonia como primera medida. Hace falta una gran pobreza analítica para creer que había contradicción de fondo entre uno y otro movimiento del «protector de la democracia española».

En fin, ocurre que Viñas y compañía entienden por democracia algo parecido a lo que podían entender Stalin o Negrín, y desde luego algo muy distinto de lo que entendemos otros. Sólo aclarando estas cuestiones previas es posible entrar en los laberintos ideológicos y argucias de aquellos autores.

Y asegura el hombre que el documentadísimo y cuidadosísimo libro de Bolloten «es una mixtificación total». Verdaderamente, qué nivel. Y cuánto honor.

LOS MITOS DE ÁNGEL VIÑAS

ÁNGEL Viñas y Fernando Hernández han escrito en *El País* sobre los últimos días de lo que ellos (y tantos otros) llaman *la República* y que en realidad era el Frente Popular, precisamente la coalición izquierdista que destruyó la legalidad republicana y provocó la Guerra Civil. Por lo demás, aquellas semanas últimas de la guerra han sido estudiadas inmejorablemente por Ricardo de la Cierva. Pero, en fin, veamos los puntos de Viñas y Hernández:

1. «La victoria franquista, tras la caída de Cataluña, parecía inevitable.» No tanto: el Frente Popular disponía de al menos medio millón de soldados, una escuadra muy considerable y grandes ciudades. Con desventajas mucho mayores se habían defendido los nacionales en bastantes ocasiones. Además estaba la perspectiva de enlazar la Guerra Civil con la europea que se vislumbraba próxima, como deseaban Negrín y los comunistas: fallaron por poco, sólo por cinco meses.
2. «Madrid padecía hambre y privaciones.» ¿Sólo Madrid? ¿Y sólo entonces? El año 1938 fue el de mayor hambre en España en todo el siglo XX, y empeoró en los primeros meses de 1939. Y esa hambre se produjo casi exclusivamente en la zona izquierdista, producto de la pésima gestión y corrupción de

los dirigentes y el desinterés de los obreros y campesinos por defender una causa en la que, evidentemente, pronto dejaron de creer.

3. «No había ninguna conspiración comunista.» La cuestión carece del menor interés: había la decisión de Negrín y el PCE de seguir la lucha con el designio señalado, sin importar las víctimas ni las destrucciones; y la decisión contraria de Casado, Besteiro, Mera, etcétera, de impedirlo. Esto fue lo importante.
4. «Negrín no actuaba al dictado del PCE.» Otra cuestión insignificante. En la práctica, Negrín, Stalin y los comunistas actuaron siempre de acuerdo, con diferencias ocasionales y menores. Eso es lo que cuenta. Las razones de la colaboración de Negrín tampoco son difíciles de encontrar: él había sido el principal autor del envío de las reservas financieras españolas a la URSS, poniendo el suministro principal de armas y otras cosas en manos de Stalin. Y, hombre realista, comprendía que no tenía más remedio que seguir ese camino hasta el final. No era preciso que le dictasen nada.
5. «Ya antes del golpe casadista Stalin se había lavado las manos de la República, en parte porque no existían posibilidades de que resistiera y en parte, también, porque el Gobierno francés había entorpecido los flujos de suministro.» Por supuesto, Stalin atendió ante todo a sus propios planes, que consistían en utilizar el Frente Popular al servicio de su política exterior, como bien saben, pero disimulan un tanto, los dos autores. Y el Gobierno francés facilitó casi siempre el suministro, incluso cuando oficialmente lo cerraba. Las dificultades de última hora, en Cataluña, se debieron a que el avance franquista fue tan rápido que impidió a las izquierdas aprovechar el gran número de aviones y otro material que les estaba llegando.
6. «La Flota huyó y cortó toda posibilidad de evacuación masiva.» Ni Negrín ni los suyos tenían la menor intención de una eva-

cuación masiva, pues querían enlazar con la guerra mundial, como dijimos, lo que habría multiplicado los daños y víctimas en España. De hecho no se preocuparon en absoluto de evacuar a nadie, ni siquiera a sus chekistas y sicarios más comprometidos. Sí se preocuparon, en cambio, y con total eficacia, de evacuar inmensos tesoros robados al patrimonio nacional. «Detalles» que ni se molestan en citar los dos autores.

7. «La consigna casadista, paz sin represalias, resultó irresistible.» No para todos, pues Franco nunca engañó a nadie: exigió la rendición incondicional y prometió castigo para los culpables de crímenes.
8. «En el ínterin, una corta resistencia comunista en Madrid fue ahogada en sangre.» Esto tiene gracia: como si los comunistas no derramaran sangre a su vez. Aparte de que ¿por qué la rebelión comunista fue «corta», cuando contaba con total superioridad militar en la zona? Un *enigma* que escapa a la perspicacia de los dos historiadores, aunque ha dado mucho que pensar.
9. «Franco no tuvo piedad con los vencidos.» ¿Y qué piedad tuvieron los jefes del Frente Popular con sus prisioneros o entre ellos mismos? Por lo demás, tampoco es del todo cierto lo que dicen Viñas y Hernández. Cuando se hundió el frente, el 26 de marzo, las tropas nacionales no irrumpieron en masa y con rapidez para capturar el mayor número de enemigos, como podían haber hecho, sino que avanzaron con parsimonia pese a no encontrar resistencia. Así, los revolucionarios tuvieron cuatro días para concentrarse y ser evacuados desde Alicante u otros puertos. En realidad tuvieron bastantes más días, porque el final se veía venir desde antes. Pero la absoluta imprevisión y despreocupación de los jefes del Frente Popular por su propia gente hizo que apenas pudieran escapar unos pocos miles, a la desesperada. También este hecho, tan significativo, escapa a la atención de los dos sesudos historiadores.

10. «La historiografía académica, Aróstegui, Bahamonde, Cervera, Graham, Preston [...] (y otras aportaciones), permiten recuperar los entresijos de lo que sucedió y, por ende, apuntalar una historia que prescinde de mitos y, en los posible, de prejuicios.» No cabe duda de que estos dos historiadores son unos humoristas.
11. Tres perlas finales para confirmar el humorismo de estos autores y de la no menos sesuda Helen Graham: «El PCE carecía de plan para salir de la guerra». Lo mismo que Negrín: querían enlazarla con la guerra mundial, como han explicado con la mayor claridad. Otra cosa es que el pacto Hitler-Stalin les hubiera pillado en una posición grotesca, pero eso escapaba a sus previsiones. O bien: «El sectarismo de la política comunista, imbuida —como ha dicho Graham— del deseo de defender un "republicanismo fundacional", pero de tal forma que condujo inevitablemente a su aislamiento». Claro, Stalin y el PCE (o Negrín) defendían el «republicanismo fundacional», democrático. Como Hitler defendía a los judíos. Otra más: «El triunfo franquista sería el fin de todo lo que la clase obrera y la burguesía de izquierdas habían conquistado durante décadas». ¿La clase obrera o los partidos mesiánicos que decían representarla? ¿Y qué conquistas habían hecho durante la República, no digamos bajo el Frente Popular? Como estos historiadores no especifican, me permitiré señalar algunas conquistas de esos partidos: la vuelta del hambre a niveles de principios de siglo; un estado de excepción casi permanente; Casas Viejas; la planificación de la guerra civil; las elecciones no democráticas de febrero de 1936; la oleada de crímenes y el crecimiento en vertical del paro después de esas elecciones; los asesinatos entre esos mismos partidos; la enorme corrupción durante la guerra en la compra de armas y otras actividades... Grandes conquistas, ciertamente, y muy merecedoras de recordación.

A VIÑAS LE GUSTA STALIN

Y no le faltan buenas razones: Stalin defendió la democracia española frente a los asaltos fascistas, mientras Francia y sobre todo Inglaterra dejaban abandonados a los valerosos luchadores españoles por la libertad. Cierto que luego se alió con Hitler para repartirse amistosamente Polonia, pero lo hizo porque no tuvo más remedio, ya que las detestables democracias occidentales mantenían una política favorable a los nacionalsocialistas, despreciando los esfuerzos estalinianos por cerrar el paso al peligro totalitario. Si acaso se puede objetar al «padrecito Stalin» no haber aprovechado debidamente, dice Viñas, el acuerdo con Alemania para prepararse mejor contra ella, un caso de ingenuidad no extraño en quien se había portado entonces tan bien con la causa de la libertad, viéndose decepcionado por quienes más debieran haberla servido.

Por otra parte, asegura nuestro historiador, quienes demostraron la mayor perspicacia fueron los «republicanos españoles» al insistir en que los sucesos de España eran el preludio de la guerra general europea: «Fue una valoración genuinamente sentida por la mayor parte de quienes conocían las realidades internacionales de la época». Hay que reconocer que el Stalin de Viñas y los que él llama republicanos españoles (los componentes del Frente Popular) tuvieron una visión de linces. La propaganda estaliniana nunca ha dejado de insistir en esos tópicos, que Viñas lamenta mucho hayan quedado un tanto desbordados por los que llama «historiadores franquistas y neofranquistas», y por «policías, soldados, clérigos, periodistas y académicos complacientes». Gentuza, vamos.

Y sin embargo, uno tiene la impresión de que Viñas —que tuvo bajo su detestado franquismo cargos de cierta confianza— comete algunas omisiones inesperadas en un historiador tan brillante. Al igual que la propaganda estaliniana, habla sólo de la amenaza nacionalsocialista, pero olvida el carácter totalitario, expansivo y amenazante del marxismo soviético. Algo que Londres y París no olvidaban ni por un momento. Es decir, el problema europeo, desde el punto de vista de la democracia, se ventilaba entre dos amenazas a cual peor: la nazi y la soviética. Y era preciso tener en cuenta ambas. Por eso la política de Francia e Inglaterra fue algo más compleja de lo que supone el olvidadizo Viñas. Tenía alguna semejanza con la de Polonia, que detestaba a Hitler, pero más todavía a Stalin, cuyas intenciones conocía bien, y cuyas ofertas de «protección» contra Alemania le causaban escalofríos. Teniendo esto en cuenta, se entiende mejor la conducta de las democracias, que para el desmemoriado Viñas es a medias enigmática y deleznable.

También resulta un tanto olvidadizo Viñas cuando ensalza —al menos implícitamente— la conducta del Kremlin en España, que él cree orientada tan sólo a detener a las potencias fascistas (que en España, otro olvido significativo, nunca tuvieron ni la cuarta parte de influencia y poder que la URSS en el Frente Popular). Stalin, cuya simpatía por la democracia era incluso menor que la de Hitler, perseguía en España otros objetivos: precisamente hacer de nuestro país el teatro de la guerra entre las democracias y Alemania, dejándole a él como árbitro; y de paso, en una política sólo en apariencia contradictoria, controlar el Frente Popular por medio de su poderoso partido agente, el PCE —que ni siquiera estaba dirigido por españoles, sino sucesivamente por Codovila o Togliatti—. Creo que

Viñas peca de un análisis simplista, achacándoselo por las buenas a Stalin, quien, desde luego, tenía una inteligencia bastante por encima de la de nuestro historiador, sin que por ello la de éste sea escasa.

No menos sorprende Viñas cuando trata de defensores de la libertad al conglomerado de golpistas, estalinistas, marxistas radicales, anarquistas y racistas que constituyó el Frente Popular. Lo he señalado muchas veces, pero el señor Viñas quizá ha perdido oído con la edad y no acaba de enterarse.

Planteemos la cuestión en términos más realistas: Stalin quería ante todo que la guerra se alejase de sus fronteras y estallase entre Alemania y las democracias —eso fue lo que básicamente intentó en España y después—, lo que le reportaría inmensas ventajas mientras las «potencias burguesas e imperialistas» se desangraban (era precisamente lo que temía Franco). Alemania quería, ante todo, atacar a la URSS, pero primero debía despejar sus espaldas occidentales para evitar la lucha en dos frentes. Y las democracias se debatían entre las dos perspectivas mencionadas: un triunfo nazi o un triunfo soviético en Europa. Como a Stalin, les interesaba alejar la guerra de sus fronteras, y el mal menor sería que ésta se produjera entre la URSS y Alemania: de ahí las concesiones iniciales a Hitler, que Stalin vio, correctamente, como un peligro para él, adelantándose mediante el Pacto germano-soviético que precipitó, de modo favorable para él, un conflicto ya muy difícil de evitar. Si nos olvidamos de la propaganda de unos y otros y nos fijamos en los condicionantes reales de la época, los sucesos resultan mucho más inteligibles.

En fin, sólo me queda desear a Viñas y tantos como él que recuperen la memoria y el oído. Les haría mucho bien, así como a sus sufridos lectores.

LA HISTORIA, SEGÚN CASANOVA

El catedrático de izquierda Julián Casanova escribe en *El País* (22-6-2009):

> José María Aznar [...] cuando en España arreciaba el debate sobre nuestro pasado traumático de Guerra Civil y de dictadura, recurrió a Pío Moa, que no es un historiador, para contrarrestar los mitos de los historiadores, a quienes Aznar nunca tuvo necesidad de leer.

Espero —sin mucha ilusión— que estas frases no retraten la historia que este señor cuenta en la universidad a sus sufridos alumnos. Aznar nunca recurrió a mi modesta persona para contrarrestar nada. Simplemente dijo en una ocasión que pensaba leer en el verano, entre otros, mi libro *Los mitos de la guerra civil.* Ello bastó para que la izquierda, con típico recurso de la propaganda estalinista, le acusara —como si fuese una acusación— de tener mi estudio por «libro de cabecera», y ahora para atribuirle el patrocinio de la obra. La verdad, que Casanova sabe por fuerza, es que Aznar no tuvo nada que ver en el asunto. El libro se vendió espléndidamente desde el primer momento, y a ello contribuyó de modo importante la entrevista que me hizo poco después Carlos Dávila en televisión. La entrevista costó a Dávila las iras totalitarias de las mafias sindicales y los partidos de izquierda, y las críticas de directivos puestos por el PP en la televisión, asustados de tanta «audacia»: la audacia de entrevistar a un historiador que exponía los mitos cultivados por la izquierda sobre la Guerra Civil, y lo hacía con datos y argumentos que jamás, al menos hasta ahora, han podido refutar los mitómanos. Un historiador que proponía un debate racional y en cambio cosechó insultos, amenazas y peticiones expresas de censura y hasta de cárcel.

Aquel episodio puso a cada cual en su sitio: a los sindicatos y partidos de izquierda, a los intelectuales e historiadores de la misma línea, no ya incapaces de tolerar ciertas verdades sobre el tan actual pasado de España, sino demandadores desvergonzados de censura. Quedaron retratadas gentes de una derecha turbia como Javier Tusell, y muchos otros derechistas que no dijeron esta boca es mía ante aquella oleada inquisitorial y antiintelectual. Con su peculiar sentido de la democracia, sólo ellos y sus intelectuales pagados tienen derecho a aparecer en los medios de masas. Si pudieran ahogarían en el más absoluto silencio a sus contradictores. Lo intentan constantemente.

Los mitos no debió nada a Aznar y se vendió masivamente al margen del PP, cosa que ha preocupado en extremo a la izquierda. Pero se vendió por dos razones: porque mucha gente estaba harta de las incoherencias y falsedades de una historiografía que he llamado lisenkiana, de origen marxista; y porque esos historiógrafos han sido incapaces de refutar nada esencial de lo que yo escribí.

Casanova da por hecho, con temeridad impropia de un historiador y muy en la escuela de un propagandista lisenkiano, que Aznar no ha leído sus libros ni los de su cuerda. En realidad, ni él ni yo sabemos si los ha leído o no. Pero él supone que el presidente queda descalificado por esa pretendida laguna en sus lecturas, idea con la que no puedo estar de acuerdo: yo sí he leído grandes cantidades de esas literaturas, he dedicado mucho tiempo a someterlas a crítica, y el resultado, a mi juicio, es que su calidad es ínfima. No se trata de una simple opinión, pues he avalado ese juicio con multitud de datos y razones, en bastantes libros, el último *Franco para antifranquistas,* y también acaba de reeditarse *Los orígenes de la guerra civil,* cuya lectura cuidadosa recomiendo al señor Casanova. A ver si, por fin, es él capaz de rebatirlos.

Afirma nuestro bravo catedrático que yo no soy historiador, y en parte tiene razón: no soy un historiador como él y los suyos. Desde luego.

LO QUE ELORZA SABE, OCULTA Y CONFUNDE

TIENE razón el señor Antonio Elorza al decir que un país debe conocer su historia. Algo más confuso resulta cuando afirma:

> Los españoles tienen derecho a un conocimiento preciso de lo ocurrido en los años treinta y, como ha sucedido en tantos otros países, Alemania, Francia o Italia, a exigir siquiera simbólicamente responsabilidades a los culpables.

Me atrevo a dudar de que en Alemania, Francia o Italia tengan un conocimiento tan preciso del pasado como supone Elorza; y en cuanto al derecho a conocer, debe extenderse a todos los países y no sólo a los años treinta: no se entienden bien tan extrañas restricciones.

Pero la cuestión aquí es: ¿contribuye nuestro historiador a tan encomiable servicio a la nación? Veamos. En un reciente artículo en *El País* (periódico que, entre otras muchas lindezas «democráticas» no acepta el derecho de réplica), titulado «El genocidio franquista» (23-9-2008), afirma la existencia de tal genocidio con argumentos como este:

> Los cientos de miles de «gente del 17 de abril» ejecutada por los jemeres rojos, o de enemigos del pueblo fusilados en la gran purga

> de Stalin en 1936-38, comparten con los miles de *rojos* exterminados en España el hecho de haber sido víctimas de un proyecto deliberado de aniquilamiento y de constituir un grupo humano bien delimitado (genocidio).

Naturalmente, en esa definición de genocidio entran demasiadas cosas, desde cualquier guerra a cualquier matanza, por ejemplo, la del 11-M, o las persecuciones de las policías políticas en cualquier dictadura «progresista» o menos progresista. Definición nuevamente confusa y por ello fácil a la demagogia.

Y aun más confusa la alusión a las matanzas de los jemeres rojos, un genocidio contra personas sin otra culpa que la de ser considerados «burgueses» por sus verdugos; y que en un país pequeño y no muy poblado afectaron no a cientos de miles sino a millones de personas, como sin duda sabe —pero oculta a los españoles— el historiador. Las purgas de Stalin, en cambio, no cuentan como genocidio, pues afectaron especialmente a comunistas por obra de otros comunistas; unos y otros responsables, eso sí, de auténticos genocidios de millones de personas (no cientos de miles, tampoco) contra el campesinado, especialmente el ucraniano. Estoy seguro de que el señor Elorza conoce todo esto, pero opta por la ocultación y la confusión, él sabrá por qué.

En cambio, ¿hubo en España un genocidio? Hubo al menos uno, el aplicado contra el clero, al que intentaron exterminar deliberadamente y casi lo consiguieron… pero no los franquistas, sino los dirigentes del Frente Popular. Esto, nuevamente, lo sabe Elorza, pero no le parece adecuado decir a los españoles una palabra al respecto, y es una lástima. ¿Existió algo semejante por la otra parte, es decir, un plan y práctica de exterminio contra los «rojos», como afirma el historiador? Rojos, en España, podían considerarse en principio los cuatro millones y medio que votaron al Frente Popular en 1936, o el millón y medio que integró las filas del ejército izquierdista, o los bastantes cientos de miles de afiliados a los sindicatos y partidos de izquierda. ¿Hubo una política de exterminio contra ellos? Si así fue, debe reconocerse su fracaso, pues el mismo Elorza habla de «miles» de víctimas y no de cientos de miles o de millones. ¿Cómo puede compararlos a las matanzas de los jemeres rojos o de Stalin? Esto es mucho peor que una confusión, y ningún historiador algo solvente haría tal equiparación. Pero en la universidad española, tan boyante, estas cosas se han vuelto habituales.

¿Y cuántos miles de rojos fueron fusilados? Se sabe con razonable aproximación, por los libros de Ramón Salas, corregidos por los de A. D. Martín Rubio, trabajos minuciosos y bien argumentados. Durante la guerra cayó en la represión de retaguardia un número de personas muy parecido en ambos bandos (60.000-70.000), y entre 25.000 y 30.000 en la represión de posguerra. Pero quizá el señor Elorza prefiera los cálculos de estudiosos subvencionados por el poder político, que desprenden en cada párrafo un odio bilioso, que emplean los bien conocidos trucos de la propaganda estaliniana, que piden la censura contra mis libros y hasta la cárcel contra mi persona, en un estilo perfectamente chekista. Si Elorza, como parece, prefiere esa literatura, pues allá él, las preferencias son libres, aunque en ellas se retrata cada cual, inevitablemente.

Para sustentar sus preferencias, Elorza (y otros muchos), cita declaraciones de Franco o de Mola en el calor de la guerra, las cuales, a su juicio, implican una decisión de genocidio contra los rojos. Este es un método típico de la propaganda, pero no puede emplearlo así ningún historiador algo serio. Un historiador debe poner las declaraciones en su contexto y contrastarlas con los hechos y con las frases apreciativas o compasivas hacia el enemigo que también puede encontrar entre los jefes franquistas. Un historiador debe, además, comparar aquellas frases con las de sus contrarios, y Elorza olvida lamentablemente esta exigencia elemental. ¿No hicieron los jefes del Frente Popular declaraciones como las peores de los nacionales? Me permitiré sugerir un repaso a las expresiones de los líderes y la propaganda socialistas, y no en el calor de la guerra, sino antes, a partir, como mínimo, de 1933, cuando preparaban, según sus propias palabras, la Guerra Civil. ¿Conoce el señor Elorza estas cosas? Estoy seguro de que sí, pero, una vez más, no otorga a los demás españoles el derecho a conocerlas.

Por no extenderme indefinidamente, tocaré otro par de cuestiones clave. Ningún investigador riguroso puede hablar sin más de «víctimas del franquismo». Miles de esas «víctimas» participaron en crímenes de una crueldad espantosa, y otros miles más en expolios, saqueos y destrucciones de todo tipo. La dureza con que los vencedores aplicaron su ley al terminar la guerra causó también la muerte de muchos inocentes. Si uno habla de «víctimas» en general, está denigrando a los inocentes y ensalzando a los asesinos, y se está identificando de hecho con estos, como hace la ley de memoria chekista del gobierno, una ley que también convierte en «víctimas» indemnizables a los etarras. Asunto más patético y repulsivo por cuanto los jefes del Frente Popular dejaron a sus sicarios abandonados a su suerte, mientras ellos huían con inmensos tesoros expoliados al tesoro artístico e histórico de la nación y a particulares de todas las capas sociales. No consigo creer que nuestro historiador ignore estos hechos, pero uno queda con la fuerte impresión de que no le gusta que los sepan los españoles.

Hubo en la posguerra, pues, una mezcla de justicia y de ajuste de cuentas, pero nada comparable a un genocidio, salvo el religioso durante la contienda. Pero tenemos otro punto decisivo: Elorza asegura que: «el alzamiento fue contra un régimen legalmente constituido», y también oculta aquí algo. Hubo dos alzamientos fundamentales (y bastantes más secundarios) en los años treinta. El primero fue el de los socialistas y separatistas catalanes, apoyado por el resto de la izquierda, contra un Gobierno de derecha plenamente legal, y con el objetivo, por parte del PSOE, de organizar una guerra civil e implantar en España un régimen similar al de Stalin. La documentación al respecto no admite duda, y el señor Elorza debe de conocerla (salvo que no haya leído mis libros, que todo puede ser).

El segundo alzamiento fue el de la derecha, en 1936, contra un Gobierno salido de unas elecciones anómalas, que estaba echando abajo la legalidad republicana y la separación de poderes, y amparaba un proceso revolucionario, con una oleada de asesinatos, incendios y asaltos a sedes derechistas, mientras perseguía a las víctimas, hasta llegar al secuestro y asesinato del líder de la oposición. Si Elorza considerara legal a semejante Gobierno, ya sabemos qué significa legalidad para él.

En suma, la «historia» que nos cuenta el señor Elorza no cumple las expectativas que él mismo suscita. Con una aparente imparcialidad, admite la existencia de *humanas fieras* «también» en el bando izquierdista. Pero, una vez más, vuelve a ocultar y confundir, atribuyendo los crímenes de forma especial a anarquistas y comunistas. Pero, ¿y los socialistas? ¿Y los republicanos? Todos los partidos pertenecientes de hecho o de derecho al Frente Popular comparten responsabilidades muy parecidas. Finaliza el historiador con una crítica fácil a Carrillo: «Tiene el deber moral de contar lo que realmente pasó. No lo hará». Cierto. Tampoco lo hace Elorza.

LEOPOLDO CALVO SOTELO CORRIGE A JAVIER TUSELL

REPRODUZCO un artículo del ex presidente del Gobierno Leopoldo Calvo Sotelo en que éste corrige con acierto y hasta ironía las fabulaciones de Javier Tusell, quien fue durante varios años el historiador oficial que velaba por la ortodoxia desde su olimpo en *El País* y arrojaba rayos sobre quienes nos atrevíamos a disentir. Entonces, en 2002, *El País* todavía admitía algunas rectificaciones a sus tribunos y sus periodistas; hoy, por lo general, se rechazan.

Hombre, no[36]

Me ha alegrado mucho reencontrarme con Javier Tusell en las páginas de *El País* y volver a disfrutar de su talante a la vez conciliador y provocador. A Tusell le gusta discrepar y sé que apreciará que yo discrepe amistosamente de él.

El artículo de Tusell «Un aniversario para reflexionar», publicado en *El País* el pasado día 3 [de septiembre de 2002], hace algunas afirmaciones que me parece necesario puntualizar. Son éstas:

Primera: «El PSOE fue el partido que consolidó la democracia en España». Hombre, no. Sabe Tusell mejor que yo, porque es historia-

36. http://www.elpais.com/articulo/opinion/Hombre/elpepiopi/20020906elpepiopi_11/Tes

dor, que la historia no se puede cortar como una barra de pan; y sabe también que la democracia, cuando está bien instalada, se consolida todos los días. Podría sostenerse más seriamente que la democracia española se consolida con el primer Gobierno de Aznar en 1996, porque sólo a partir de entonces coexisten un Gobierno que ha sido antes Oposición y una Oposición que ha sido antes Gobierno; y ésta es la característica de las democracias consolidadas. Pero también podría afirmarse con rigor que la democracia española se consolidó en la noche del 23-F, cuando el Rey cortó el último intento de un golpe militar.

Sigue diciendo Tusell: «Durante la etapa centrista, la política militar se situó a la defensiva». Hombre, no. El Gobierno de UCD que yo presidía actuó beligerantemente, y no defensivamente, por ejemplo, al recurrir ante el Supremo la sentencia militar que condenó a los golpistas, asegurando así lo que desde Segismundo Moret se ha venido llamando la supremacía del poder civil; y al constituirse por primera vez desde 1936 sin ministros militares.

Tercera afirmación de Tusell: «[…] No cabe la menor duda de que [el Gobierno socialista] integró a España en los contextos internacionales que le correspondían». Hombre, no, o, por lo menos, *de entrada no.* Claro que caben dudas, todas las dudas del mundo. Cuando llegó al Gobierno el partido socialista España estaba ya integrada en el Consejo de Europa y en la Alianza Atlántica, y tenía muy avanzadas las negociaciones para la adhesión al Mercado Común. Lo que hizo el Gobierno socialista fue meter entre paréntesis durante unos cuantos años, innecesaria y peligrosamente, aquella integración ya hecha en la OTAN, y lo hizo por razones partidistas, no nacionales; demora a la que puso un broche, no precisamente de oro, con el imprudente referéndum.

Sigue Tusell: «Otra innovación importante del período socialista fue la puesta en marcha del Estado de las Autonomías». Hombre, no. Cuando UCD dejo el Gobierno los Pactos Autonómicos habían vertebrado el proceso y estaban aprobados («puestos en marcha») trece Estatutos de Autonomía y pendientes sólo de ratificación parlamentaria otros cuatro.

Última puntualización: Según Tusell hay que atribuir a los socialistas el mérito de no haber hecho una política económica socialista, sino socialdemócrata. Entiendo que su mérito fue continuar la política económica de UCD, y en esa continuación no parece razonable subrayar un mérito relevante.

Muy mal debe de encontrar Tusell al partido socialista cuando cree que necesita su botafumeiro mal fundado. Yo no creo que esté tan mal. Y, en todo caso, creo que han pasado ya bastantes años para que el historiador pueda hacer, sin distorsiones, un ejercicio solvente de historia inmediata.

Tusell sabrá, como antiguo democristiano, dar a UCD lo que es de UCD y al PSOE lo que es del PSOE: que, por cierto, es también mucho, pero no todo lo que Tusell le regala bonitamente en su artículo.

OTROS ENSAYOS

LA SIGNIFICACIÓN DEL ATENEO DE MADRID

En este pequeño trabajo abordaremos la significación histórica del Ateneo, la «fórmula» que le permitió adquirir tanta importancia en el pasado, y las posibilidades que la «fórmula» puede ofrecer hoy día.

La continuada degradación del Ateneo desde hace unos quince años, llegada a extremos inconcebibles en una institución de cultura, auguran a la vieja Casa un completo estancamiento, o un final lamentable, a menos que se transforme radicalmente.

Este proceso de decadencia ha provocado voces de protesta. Pero las críticas, aunque arropadas por los hechos, no han tenido el efecto corrector deseable, sino que han desatado represalias inicuas o amenazas matonescas,* diluyéndose en la apatía somnolienta de la mayoría de los socios, que, con las debidas excepciones, no desmerece del cru-

---

* Dos casos, entre muchos. Unos sujetos intentaron hacerse con la revista de historia *Ayeres* que, con gran esfuerzo y una mínima subvención de la ONCE (dos millones de pesetas), sacábamos otros. Consiguieron con sus intrigas arruinar la subvención. Luego, una indigna junta de gobierno se querelló contra mí acusándome de haberme quedado con dinero de la revista. La acusación, fraudulenta de arriba abajo, era tan inconsistente que fui absuelto *in voce*, es decir, en el acto del juicio. Los mismos individuos de la junta pusieron también, y también en vano, una querella a una anciana, a quien acusaron de haber llamado «perista» a uno de ellos, negociante en objetos de oro, según se decía. De ninguna manera se trata de casos aislados. Estas cosas tienen una dosis de picaresca y cutrerío que terminaría por volverlas cómicas, si no fuera por el destrozo moral infligido a la institución. En ningún sitio he encontrado un ambiente tan ruin y viciado por una pasividad inepta, malévola y envidiosa.

do retrato pintado de ellos por Azaña en la época republicana: «masa de socios anodinos y, revueltos con ellos, unos cuantos inútiles y fracasados que en todo tiempo se han refugiado en el Ateneo, unos pobres diablos, torpes casi todos, pedantes *ratés* algunos, grillados otros. Hay alguno que se hace el comunista tremebundo [...]», etcétera.

Tal realidad obliga a plantearse la cuestión de si el Ateneo de Madrid, incluso los ateneos en general, no padecerán un mal más profundo e ineluctable que la arbitrariedad o la ineptitud de alguna junta de gobierno: *la inadecuación de sus ideales y métodos a la época actual.* Recordemos que así expresó el problema el Ateneo de Mahón en 1989, al proponer una reunión de ateneos españoles, cuya ineficacia pareció una respuesta afirmativa a la cuestión. Un congreso de ateneos iberoamericanos en 1993 dio pie a alguna retórica igualmente vacía de soluciones.

Y así, no pocos opinan que nada puede hacerse contra este declive, coincidente, diríase, con una especie de «flojera generacional», en el sentido en que lo planteaba Vicens Vives al observar la existencia de «generaciones vitales, tremendas, creadoras, y otras mustias, esquilmadas, huecas». Azaña, desde una visión muy personal pero no ligera, mostró en *Tres generaciones del Ateneo* la viveza y la tensión intelectual que, con altibajos naturales, distinguió largo tiempo a la institución, aunque precisamente cuando escribió el trabajo dicho, 1930, la institución se precipitaba, y no sin culpa del propio Azaña, hacia el estado por él descrito como hemos visto más arriba. Sería en verdad penoso que a la generación actual correspondiese el triste honor de sepultar el Ateneo o de condenarlo a vegetar en la vulgaridad.

Es cierto que vivimos una época de autocomplacencia intelectual tan extraordinaria como infundada, pero quizá una cierta humildad y el reconocimiento de la vacuidad presente ayude a superarla. En todo caso, antes de resignarse conviene ver si la triste situación actual no viene de errores corregibles, y recordar la importancia de esta Casa para la cultura española en los dos siglos últimos, porque acaso la posible flojera nazca del olvido o la ignorancia. El resumen que sigue es, desde luego, bien conocido, pero también fácilmente olvidado. Recordar el pasado ayudará, en cualquier caso, a tomar conciencia de la magnitud de lo que se perdería —se está perdiendo—, y quizá esa conciencia provoque la necesaria y saludable reacción.

Su nacimiento

En 1820, después de la Guerra de la Independencia, nació el primer Ateneo, llamado Español. Surgió como una de tantas sociedades patrióticas y literarias de la época, a menudo asentadas en un café. No se sabe mucho de aquel Ateneo Español, aunque sí que descolló sobre las demás sociedades similares, por su carácter abierto, activo y poco sectario. Su importancia debió de ser grande porque, aunque cayó a los tres años víctima del despotismo fernandino, quedó como una referencia en la memoria de muchas personas inquietas, hasta el punto de que se pensó, y llevó a cabo, resucitarlo nada menos que doce años más tarde, en 1835.

El nuevo Ateneo se llamó «de Madrid», y fue una empresa muy característicamente romántica y liberal. También por entonces se fundan o revitalizan otras importantes sociedades, como el Liceo, la Academia de Jurisprudencia, el Instituto, la Sociedad Económica Matritense (madre del propio Ateneo de Madrid), etcétera. Conviene señalar esto porque un argumento usado para explicar o justificar la decadencia actual de la Casa es que «antes era ésta el único centro cultural de Madrid, mientras que ahora hay muchos más, y la gente prefiere los más modernos». Nada de eso. Casi siempre el Ateneo se contó entre un número no desdeñable de círculos e instituciones culturales, y destacó entre ellos por su mayor libertad, viveza e influencia. A ratos «una sociedad pacífica y sesuda, tranquila e ilustrada», como la describe Alcalá Galiano, a ratos más agitada, aunque sin salirse casi nunca de los cauces de una convivencia fructífera; en general «refugio sereno [...] frente a otras sociedades literarias más brillantes y frívolas», valora Azaña.

El Ateneo de Madrid hizo pronto escuela, cosa rara en España: se fundaron a su imitación ateneos en otras ciudades y, más tarde, en Hispanoamérica.

Cuando, al medio siglo de su refundación, el Ateneo se traslada al edificio actual, podrá afirmar Cánovas, con justeza: «Jamás se sabrá con exactitud lo que en este siglo ha sido la nación española rehusando especial y amplio capítulo en sus anales a la inteligente y perseverante actividad del Ateneo».

Desde el principio muchos de los mejores escritores e intelectuales (Espronceda, Larra, el duque de Rivas, Alcalá Galiano, etcétera) encontraron en el Ateneo de Madrid un lugar idóneo y en sus tertulias un acicate para sus inquietudes y actividad.

La generación siguiente a la romántica no despierta las simpatías de Azaña, quien la trata con cicatería; pero basta citar los hombres ofrecidos por el propio alcalaíno entre los presidentes de la sociedad (Valera, Cánovas, Campoamor o Castelar) para ver que no era inferior a la romántica. Y también hicieron vida ateneísta, entre tantos como podrían citarse, Galdós, *Clarín,* la Pardo Bazán, etcétera. En realidad, el Ateneo albergará a la mayoría de las figuras que una persona de mediana cultura puede recordar entre los intelectuales españoles de la época. Y así siguió ocurriendo con la generación posterior, la del 98, fundadora del «Ateneo disidente» y que le infunde un estilo más tumultuoso. Continuará atrayendo la institución a los pensadores, escritores, artistas y científicos de esa «Edad de Plata», como se ha llamado al primer tercio de este siglo, quizá exagerando un poco.

Desde su nacimiento fue el Ateneo una institución «liberal templada», no tanto por doctrina como por talante. Así, y contra la imagen creada a partir de algunos momentos excepcionales de su historia, ha sido un centro clave del pensamiento tradicional o tradicionalista, en una línea que va desde Donoso Cortés, uno de los fundadores, al gran Menéndez Pelayo o a Ramiro de Maeztu. Línea que se entrecruza y contiende dialécticamente con otras escuelas diferentes o radicalmente opuestas: «Allí nació la escuela economista, allí renace la escuela de

Santo Tomás [...]; allí se defiende el krausismo en los albores de su última evolución positivista [...]; allí han llevado las fisiólogos sus análisis y los espiritualistas su ardor», resume Palacio Valdés. Y allí encontrarán Unamuno, Ortega, Marañón, Madariaga, Araquistáin o Fernando de los Ríos una tribuna y lugar de investigación y de tertulia, o se presentarán y examinarán las doctrinas e ideologías entonces novedosas, el socialismo, el anarquismo, el fascismo o el comunismo. El Ateneo, según dicen, fue incluso la cuna del nacionalismo gallego.

La Casa no era sólo lugar de encuentro y trabajo, sino también de iniciativas hacia el exterior, desde las primeras investigaciones antropológicas científicas en España, o sobre el derecho consuetudinario, a los estudios africanistas o los de la Sociedad Española de Excursiones. O fue la plataforma del regeneracionismo, con Costa, figura legendaria de su biblioteca.

Por el auge del krausismo, la Casa emparentó con la Institución Libre de Enseñanza y sus ambiciosas empresas pedagógicas. El mismo Ateneo desarrolló siempre una notable actividad en la enseñanza, a través de sus *cátedras,* cursos de extensión universitaria, etcétera. Su Escuela de Estudios Superiores vino a ser pionera de los cursos postuniversitarios. Y también cauce fundamental para la llegada del pensamiento, los conocimientos científicos, las corrientes y modas literarias de Europa. Cuando Einstein visitó España, vino a presentar su teoría de la relatividad en el Ateneo.

No se trata de acumular aquí nombres y datos que harían interminable este escrito, sino sólo de mostrar por qué, como rememoraba Azaña, «el Ateneo se nos imponía con fuerza [...]. Era el sentimiento de agregarse a una tradición viva, de recibir la primera hospitalidad ilustre y el reconocerse, perdido cada cual oscuramente en la masa de socios».

Pronto Azaña, que había contribuido a hacer de la institución un centro de agitación política, habrá de cambiar de lenguaje con respecto a él, al comenzar la República. Pasada la Guerra Civil, el Ateneo desaparece como tal, y aunque al poco recuperó su nombre, dejó de ser, bajo el franquismo, una institución en manos de sus socios, pues dependía de algún ministerio. No obstante, la tradición se mantuvo en muchos aspectos: una libertad de expresión desusada fuera de la Casa, iniciativas como la de una asociación de estudios eslavos, cuyo considerable trabajo se dispersaría, por desgracia; las mejores publicaciones de su historia, como *El Ateneo* en su tercera etapa, *La estafeta literaria,* la revista de pensamiento *Atlántida,* o *Cuadernos de arte.* No menos brillante fue la actividad musical, ya nunca abandonada, que convirtió al Ateneo en plataforma de la música de vanguardia en los años sesenta, con su célebre «aula», impulsada por Francisco Ruiz de Coca y otros. Las artes plásticas también conocieron grandes momentos, como la presentación del grupo *El paso.* La biblioteca aumentó extraordinariamente sus fondos, y la Casa lo siguió siendo de los Buero Vallejo, Caro Baroja, Fernández de la Mora, Luis Rosales, Cela y tantos otros.

Cierto que al lado de todo ello el Ateneo siempre ha soportado una ganga de charlatanería ligada al debate intelectual permanente, un verbalismo y audacias gratuitas y a menudo toscas, que han llegado a dar un sentido despectivo, en boca de algunas personas, a la palabra «ateneísta» o «discusiones de ateneo». Pero sería ridículo, además de injusto, destacar ese lastre —por otra parte inevitable en cualquier actividad cultural— por encima de los incuestionables logros de esta sede privilegiada de la convivencia, el estudio y la creatividad. El Ateneo constituye, en suma, la mayor realización española en cuanto a sociedades intelectuales en estos dos siglos. Sus fallos y lagunas son los del resto de la cultura española, no la empeoran; en cambio, sin él, la cultura española tendría bastantes más insuficiencias. Y nuestro país, pobre en iniciativas culturales de alcance, no debe permitirse mirar con frivolidad o desinterés su actual decadencia.

La Transición llegó con retraso al Ateneo. Se creyó entonces en un recobro del viejo ambiente de entusiasmo e ideas, y así pareció por unos momentos. Pero no hubo mucho de ello. Sí hubo y sigue habiendo «chispazos» y empresas culturales de mediana vitalidad, quizá susceptibles de un mayor desarrollo.

Mirando atrás comprobamos, con todo, que no es ésta la primera crisis seria de la institución. Sin duda pudo dársela por fenecida para siempre en 1823. Y cuando, a poco de ser refundada, estuvo a punto de hundirse por sí sola —la salvó *in extremis* el empuje de Mesonero Romanos—, el Ateneo pudo haber quedado como una anécdota semiolvidada de nuestra historia. Atravesó períodos de penuria económica, quedando reducido, hacia finales del siglo pasado, a «un archivo de vejeces», si hemos de creer a Azaña. Más grave resultó que, poco antes de la II República, se transformase en centro de agitación política, y luego en simple reflejo de una sociedad crispada, en lugar de mantenerse como excepción y punto superior de referencia social: se infiltraron los fanatismos, y la tensión intelectual se rebajó a tensión ideológica, y el propio Azaña, antes promotor de la politización, sufrió sus consecuencias y diagnosticó el fin del Ateneo como sociedad cultural.

Cabe confiar, pues, en que la crisis actual, aun si muy prolongada, sea también superada.

¿De dónde viene la importancia de los ateneos?

¿Qué ha dado al Ateneo su vitalidad y continuidad, tan excepcionales en el panorama cultural español, que ha visto la ruina o el rápido anquilosamiento de tantas otras instituciones?

Una clave la encontramos ya en el primer Ateneo, el de 1820. Como resalta Gil Novales:

> Los nombres de los componentes de esta delegación [de ateneístas] nos sorprenden extraordinariamente porque, vistos con la distancia que nos da el tiempo, hay entre ellos abismos infranqueables, abismos políticos, se entiende, pero también de vocación vital. El Ateneo va a ser un lugar en el que será posible la convivencia de personas temperamental y políticamente diferentes y aun contrarias.

Y del Ateneo renacido en 1835 señala Labra:

> Entre el oleaje de los clubes de la Carrera de San Jerónimo, las vociferaciones de las logias y la pasión de la prensa [...], las modestas salas del Ateneo [...] parecían una excepción y un oasis por la relativa templanza de sus debates y la consideración que a la indagación científica y a los intereses puramente intelectuales se dispensaba.

La «fórmula» tiene, por tanto, como fundamental ingrediente, una actitud liberal, propiciadora del encuentro y aun del enfrentamiento, siempre en el plano intelectual, entre gentes de muy diversas ideas y talantes. Esto no es en realidad nada fácil. La tendencia, muy fuerte, de estas instituciones, es a caer en una de dos grandes trampas, casi siempre mortales: sustituir el debate intelectual por la bulla ideológica (también, lo que llega a ser peor, por la resultante de personalismos y envidias); o formar grupo cerrado al calor engañoso, esterilizante, de la unanimidad o similitud de opiniones. Los ateneos funcionan, pues, con unas reglas de juego basadas en la tolerancia —no en la indiferencia— y el respeto continuado a ellas. La idea, tan sencilla en su expresión más general, ha sido la más productiva que ha conocido la historia en el campo de la cultura (como lo es en el de la economía): allí donde pueden reunirse libremente personas con inquietudes intelectuales, se genera, casi con seguridad, una tensión creativa de ideas, debates y empresas de cultura.

Así se lo plantearon los primeros ateneístas. El duque de Rivas, primer presidente de la institución, señalaba en su discurso inaugural:

> Las Academias y cuerpos científicos y literarios tan pomposamente instituidos y dotados por Luis XIV, aunque ha derramado muchas luces [...] no han sido, en mi juicio, tan útiles a la difusión del saber [...] como los clubes científicos y literarios que espontáneamente han nacido en Inglaterra a la sombra benéfica de la libertad.

La alusión a los clubes ingleses ha hecho pensar que la idea del Ateneo tenía ese origen, incluso, concretamente, en el *Atheneum* londinense. Pero éste es posterior en tres años al Ateneo Español. Quizá el nombre se inspirara en algún precedente francés, pero en todo caso tiene razón R. de Labra, también presidente de la Casa, cuando declara:

> A más de un extranjero [...] he oído yo, buscando semejanzas allende el Pirineo, hallar ciertas afinidades y analogías entre nuestro Ateneo y el famoso Colegio de Francia. Otros, más prudentes, se inclinaban a buscar parecidos con [...] *the Atheneum* de Londres [...]. Nada de esto es nuestro Ateneo, que reviste caracteres tan singulares que me atrevo a decir que es una institución propia, indígena, nacional, esencialmente hispánica.

¿Cuáles son esos caracteres? Oigamos ahora a García Martí:

> No fue [...] un club social a la manera de los clubes ingleses, ni tampoco un club político al modo francés. No era una academia: más viva, más atractiva en su actividad que las academias. No fue tampoco [...] una Escuela de altos estudios ni una biblioteca o sala de conferencias, y era, sin embargo, un poco de todo esto.

Y habría que añadir, como señalaba Unamuno: «y un café», pues el espíritu del café romántico en que se gestó la institución, persistió. En efecto, la idea de recuperar el Ateneo en 1835 partió de aquellos románticos que del «reducido, puerco, opaco café del Príncipe» (Larra), rebautizado «El Parnasillo», hicieron un centro de debates e iniciativas de primer orden, partiendo de sus tertulias. Merece la pena una cita expresa de Mesonero Romanos:

> ¿Quién habría de predecir que [...] llegaría un día, o una noche, en que el autor aplaudido, el artista premiado, el fogoso tribuno, el periodista audaz, no se darían por satisfechos si no venían a deposi-

> tar sus laureles en aquel oscuro recinto y a recibir en él la confirmación o el visto bueno de sus triunfos literarios o artísticos, periodísticos o parlamentarios; y que hasta el ministro cesante o dimisionario, al abandonar la dorada poltrona, tornaría muy satisfecho a ocupar su acostumbrada silla en un rincón del Parnasillo?
>
> Y, sin embargo, todo esto sucedió, reconcentrándose en aquellas estrechas paredes lo más vital de nuestra sociedad hasta que, rebasando sus límites, partió de ellas el rayo luminoso que había de cambiar por completo la faz de nuestra vida intelectual. De aquel modesto tugurio salió la renovación o el renacimiento de nuestro teatro moderno; de allí surgió, entre otras instituciones, el importantísimo Ateneo [...].

El Ateneo de Madrid conservó siempre ese rasgo, una cierta improvisación e inclinación a empresas y tentativas en muy varias direcciones. Ello, aunque puede producir dispersión de esfuerzos, no es incompatible, al contrario, con empeños sistemáticos y coordinados, pues, en fin, una vez se ha creado el ambiente propicio a la iniciativa, la calidad de ella dependerá de las personas comprometidas.

Otro rasgo definitorio del Ateneo es su apertura y vuelco hacia el exterior. Siempre hubo en la casa una voluntad de servicio y ejemplo hacia el resto de la sociedad, y ya el Ateneo Español, recuerda Labra, tenía por objeto «discutir tranquila y amistosamente cuestiones de legislación, política, economía y, en general, de toda materia que se reconociera de pública utilidad». Es bien conocido que, como fruto de esa característica y de la calidad de los principales ateneístas, la institución ha tenido una influencia no sólo intelectual, sino también política.

Sin embargo, cuando la influencia política pretendió hacerse directa, saliéndose del terreno de la consideración teórica, las consecuencias han sido demoledoras para la institución, al propiciarse la división y la querella internas, y una relación bastarda con el poder. De esta degeneración nos ha dejado buenos testimonios Azaña:

> Ayer celebraron una junta extraordinaria *para fijar la actitud del Ateneo en la cuestión religiosa* [...]. Después de no pocos escándalos aprobaron una proposición [...]. Se movió un gran alboroto y unos cuantos majaderos que hacen el papel de *revolucionarios* continuaron la junta [...] constituyéndose en *convención* y representando la *soberanía del Ateneo.* A tales pueriles necedades se llega en aquella casa.

O: «Un pequeño grupo de violentos y despechados se impone a la mayoría de los socios, que no van por allí». O: «Resulta que el Ateneo *está reunido en sesión permanente para ocuparse de los asuntos que discuten las Cortes».* El espíritu tradicional quedaba arruinado y unos cuantos instrumentalizaban políticamente la Casa. De ella salieron, parece ser, los cretinos exaltados y criminales que iniciaron los incendios de iglesias durante la República y tanto contribuyeron al hundimiento de ésta. Lección histórica que sería útil tener presente. Cuando, después de la Transición democrática, el Ateneo volvió a los socios, la politización de algunos grupos que se arrogaban derechos especiales sobre la institución, echó por tierra la posibilidad de recuperar las viejas tradiciones. La frustración subsiguiente creó el nefasto ambiente hoy predominante.*

Y he aquí un cuarto rasgo del Ateneo, sugerido por su propio nombre, alusivo a Atenea y a la ciudad que más disfrutó de su patrocinio. A la diosa de la sabiduría y de la guerra, del intelecto combativo en síntesis, pues nunca la búsqueda de la verdad ha sido buena compañera de la complacencia ni de la componenda. Las polémicas ateneístas han sido famosas en sus mejores horas, y aunque poco de ello ha quedado escrito, su influjo invisible, formador de actitudes y afinador de ideas, ha sido, con seguridad, poderoso en la obra de

* La politización pasó, pero el ambiente quedó echado a perder. En tiempos recientes (escribo ahora en 2001) el profesor procomunista Carlos París y otros de su estilo casi consiguieron reducir la institución a una especie de ateneo libertario, donde los grupos de extrema izquierda, incluyendo los proterroristas, encontraron una plataforma privilegiada, y la cafetería era utilizada como centro de promoción de esas ideologías, al estilo de las *herriko tabernas*.

muchos pensadores. También la discusión abierta y el contacto intelectual directo fueron una característica de la cultura griega.

Del espíritu ateniense decían sus adversarios:

> Son innovadores, prestos a hacer planes y a ponerlos en práctica [...]. Para ellos no hay otra fiesta que el cumplimiento del deber, y ven la ociosidad inactiva como una desgracia [...]. En resumen, [...] han nacido para no estar en reposo ni permitir que los demás hombres lo estén.

Y Pericles idealizaba, pero no mentía al afirmar:

> Amamos la belleza con sencillez y las cosas del espíritu sin caer en la molicie [...]. Empleamos la riqueza como medio de acción y no de vanagloria [...]. También nos distinguimos en que demostramos la mayor audacia y calculamos a fondo las empresas que vamos a realizar, mientras a otros el cálculo les vuelve irresolutos y sólo son audaces por ignorancia [...], pues son los espíritus fuertes los que, teniendo una idea clara sobre las penas y los placeres de la vida, no rehuyen los esfuerzos y peligros.

No se podría definir mejor el espíritu simbolizado en Atenea. Esa actitud vivaz, emprendedora e inquisitiva, presta a poner en tela de juicio las ideas, ha existido también en la Casa. En ella se ha ofrecido la posibilidad de combinar, de manera muy directa, muy inmediata, la investigación con la discusión y la tertulia: he aquí una tradición mediterránea particularmente helénica.

La «helenidad» del Ateneo resulta para nosotros tanto más interesante. Decía el matemático Libri que la única gloria negada hasta entonces por Dios a España, había sido la de producir un gran geómetra, esto es, un gran científico. Y sin duda la ciencia, junto con el pensamiento, han venido siendo relativamente débiles en la cultura hispana. Esa deficiencia nace, muy probablemente, de la debilidad del injerto griego en España, injerto en todo caso menos vigoroso que en los países de más al norte. Nuestra cultura es de manera muy fundamental latina, quizá la más latina de Europa, con sus virtudes y sus faltas. En la Edad Media se halló España en situación de aparente privilegio para recuperar la herencia griega, precisamente en ciencia y pensamiento, a través de los maestros árabes y judíos. Pero muy poco hubo de ello, aunque nuestro país sirviera de puente para el tránsito del pensamiento y la ciencia hacia al resto de Europa. Probablemente fue el forzoso carácter fronterizo de la sociedad hispana de la época el que impidió apreciar aquellos dones, al privar el ánimo mutuamente hostil entre españoles y andalusíes, impuesto por la historia tras la invasión musulmana. Los préstamos entre ambas sociedades resultan sorprendentemente pequeños para un contacto tan prolongado, por mucho que los exalte la potente imaginación de Américo Castro.

En los siglos posteriores también el interés por la Grecia clásica tuvo aquí menos peso que en países cercanos. Y así, fuera deliberado o no, bautizar como «Ateneo» a una institución con aspiraciones tanto artística como científicas, y donde el pensamiento ha sido muy apreciado, implicaba una actitud relativamente nueva en nuestra cultura.

Esa actitud hubo de ser fértil. Siempre la vuelta a Grecia ha sido fuente de «renacimiento» para Europa, ya desde la recuperación carolingia, como queda patente en las intenciones de Alcuino de York de imitar a Atenas. Y con mayor razón puede decirse del Renacimiento por excelencia, o de la Ilustración. Y si en la llamada «Edad de plata» de la cultura española la ciencia y el pensamiento han tenido un desarrollo, si no espectacular sí notable, a veces de primer orden, con seguridad ha contribuido poderosamente a ello la existencia de instituciones como el Ateneo.

Seguramente cabría extraer de la historia de la Casa, y de otros centros similares, más ingredientes para la que he llamado «fórmula ateneística», pero estos cuatro bastan, creo, para explicar la fecundidad de la institución y definirla: un lugar de encuentro intelectual, liberal en su talante y normas, con fuertes raíces españolas e influjo, acaso inconsciente pero por ello aún más significativo, del espíritu griego.

También se ha definido un ateneo, en lo material, como una combinación de biblioteca, sala de conferencias y café o taberna. Combinación excelente.

Podemos ahora volver al principio y preguntarnos: ¿por qué están en baja unas instituciones cuyo valor se ha demostrado durante tantos años? ¿Es posible que la fórmula ya no sirva para estos tiempos? ¿Han encontrado otros centros una fórmula superior?

Los tiempos que corren

Al parecer de algunos, pues, la crisis del Ateneo consiste en su inadecuación a los tiempos. No suelen explicar, en cambio, cómo son esos tiempos o en qué habría quedado desfasada una institución cuyo carácter tampoco aclaran.

¡Pues lejos de existir fórmulas nuevas y mejores de encuentro y actividad intelectual, ocurre más bien lo contrario! Un rasgo de la época es la sensación de insuficiencia que producen las instituciones culturales, incluida la más poderosa, la Universidad. En 1992, como se recordará, hubo en Madrid una amplia reunión internacional de directivos universitarios, cuyo manifiesto final declaraba: «La Universidad actual no debe sólo formar técnicos o profesionales, sino crear un modo de ser, de actitud vital, y generar hábitos intelectuales». Pero esto resulta más fácil decirlo que hacerlo, y no se ve claro cómo podría conseguirse, cuando la tendencia a la especialización, tan necesaria por otra parte, encuentra dificultades crecientes para completarse con la también necesaria visión de conjunto, implícita en la misma palabra «universidad».

Los peligros de la especialización, productora de expertos en sectores del saber cada vez más reducidos y cuyos conocimientos y concepción general del mundo se hacen al mismo tiempo más pobres, vienen siendo denunciados desde hace décadas. Sin contar la distancia e incomunicación, cada vez más difíciles de colmar, entre «las dos culturas» de que hablaba C. P. Snow: la literaria y la científica. Los muchos esfuerzos para cambiar la situación no parecen haber tenido efectos decisivos.

Quizá las universidades necesiten, para cumplir su propio ideal, el concurso de otros centros. Y los ateneos, precisamente por sus tradiciones, sus menores exigencias burocráticas y falta de rigidez, tienen en principio las mejores aptitudes para esa tarea. Más aún, ello no sería nada nuevo, pues existen los precedentes de las ateneístas «Escuela de Estudios Superiores» o de «Extensión universitaria». Los ateneos podrían albergar seminarios avanzados y cursillos divulgativos, enseñanzas y estudios complementarios (como los de expresión oral y escrita, tan desatendidos y cuyas consecuencias en los actuales universitarios motivan tan frecuentes lamentaciones), u organizar simposios interuniversitarios, como también se ha hecho, aunque sin sistema.

Los ateneos sufren críticas en apariencia demoledoras, que niegan su idoneidad para el cultivo de las ciencias. La investigación científica, insisten los críticos, precisa grandes medios, laboratorios, equipos de personal, lo cual está, evidentemente, vedado a un ateneo. La época del investigador «romántico» y sus medios rudimentarios queda lejos. Pero ese tópico sólo disimula, a menudo, una pésima tradición de falta de audacia intelectual y de curiosidad científica, combinada con un espíritu burocrático, cuando no «trepa». Y tampoco tiene nada de nuevo, pues ya Ramón y Cajal lo replicó contundentemente a quienes ya entonces salían por tal registro: «Para la obra científica los medios no son casi nada, y los hombres lo son casi todo».

Cae de su peso que muchos grandes campos de la investigación quedan fuera del alcance de un ateneo, pero otros muchos no lo están, desde las matemáticas a los aspectos teóricos de casi todas las ciencias. El experimento de Michelson exigió, sin duda, instrumentos de precisión y tuvo una cierta aparatosidad, y fue conclusivo en lo que pretendía. Pero para extraer de él todas las consecuencias pasaron bastantes años y fue precisa una vía de investigación basada en experimentos mentales, concluida, como se sabe, en la Teoría de la Relatividad. Y aunque esta hazaña no pueda sistematizarse, ilustra sobre el hecho de que la investigación científica tiene dos variantes, tenidas a veces por opuestas: la que pudiéramos llamar «aristotélica», basada en la observación (y, en su desarrollo moderno, la experimentación) y la, digamos, «platónica», en que las ideas se interrelacionan con cierta autonomía. No en vano llegó Einstein a trabajar en el Instituto de Estudios Avanzados de Princeton, donde los laboratorios y su costoso instrumental estaban proscritos.

Añádase que en la era de la informática las posibilidades del científico «romántico» no sólo no han disminuido, sino que se han ampliado prodigiosamente. El ateneo fue siempre un hogar para este tipo de investigadores, y puede volver a serlo si existe conciencia de sus posibilidades y voluntad de recuperar ese viejo estilo.

También suelen criticarse los hábitos polemistas propios de la Casa: «discusiones de ateneo», se dice con menosprecio; es decir, un lastre, una pérdida de tiempo o un uso pasado de moda. Y nada más lejos de la realidad cuando, desde la irrupción de la Nueva Retórica de Perelman, vuelve a ser valorada debidamente esta arte, uno de los pilares de la *paideia* griega. La honradez intelectual siempre ha obligado a la confrontación dialéctica. De ella ha salido muchas veces la razón, o ideas y matices nuevos. La ausencia de discusión nunca ha sido indicio de lozanía cultural, aunque su sola presencia tampoco garantice ésta. Y tanto más parece convenir la discusión en nuestros días, caracterizados, según claman mil voces, por la confusión y la pérdida de los valores que daban un sentido a la vida.

La impresión de crisis espiritual no es nueva en nuestro siglo, sino que lo ha acompañado desde el principio. Escribió alguna vez Caro Baroja sobre la mezcla de admiración y envidia con que, en otros tiempos, hablaban los ancianos a los niños: «¡Éstos conocerán las maravillas del siglo XX!». Las maravillas se han trocado a menudo en pesadillas y tremendas desilusiones. Ha sido propio del siglo un optimismo exaltado, surgido de ideologías triunfantes durante años o decenios, presentadas como la solución, ligada al avance técnico y científico, de todos los grandes problemas, como la halagüeña respuesta a los más íntimos anhelos humanos. Tanto esas ideas como su optimismo asociado han demostrado ser funestos, y quizá de ahí derive la sospecha que hoy recae sobre cualquier ideal que proponga elevarse sobre el aturdido y dudoso disfrute del día. En gran medida vivimos en la cultura del aturdimiento, si vale unir conceptos tan antagónicos.

¿No resulta paradójico que en tales circunstancias la vida intelectual española rehuya el debate y la interrelación? Predomina la tendencia a formar capillas y grupos, cada uno con sus medios de expresión y sus seguidores, desentendidos de otras ideas, hacia las que adoptan una pose de ironía, supuestamente inteligente. Actitud, en las condiciones actuales, realmente asombrosa e irrisoria, toda una prueba de atonía intelectual, mal disimulada por hábiles campañas de imagen.

Si esto es así, el espíritu ateneísta, lejos de estar desfasado, constituye una auténtica necesidad, y el problema resulta ser muy otro: que habiendo perdido conciencia de los problemas de la época, el Ateneo se ha convertido en reflejo pasivo de la sociedad, en lugar de lo que siempre aspiró a ser y fue en buena parte de su existencia: excepción y contraste con las propensiones sociales desatinadas. Ver el problema ayuda a entender también el desmayo de la vida literaria y artística, tanto como científica, de la Casa.

Y puesto que vivimos una época de desorientación, según tan reiteradamente se asegura, no debemos olvidar otro género de amenazas más inmediatas y tangibles en este fin de siglo, dentro de España y en su entorno. Ante ellas ¿no debieran nacer en el Ateneo sociedades de estudios sobre el Magreb o el mundo eslavo, por ejemplo, de las cuales existen precedentes de interés? Este tipo de sociedades promoverían la influencia pública de la casa en el plano intelectual propio de ella. Ninguna institución más adecuada para ello, por su historial al respecto y porque sus estatutos prevén sagazmente, y dan todas las facilidades para la creación de asociaciones internas dotadas de gran autonomía. De hecho no han faltado en los últimos años intentos al respecto, aunque no hayan madurado, a causa del pésimo ambiente dominante en el lugar.

Estas indicaciones, aun si muy incompletas, bastan a mi juicio para justificar la tesis de que el espíritu ateneísta no sólo es oportuno, sino muy necesario en los tiempos que corren; que su «fórmula» sigue siendo muy idónea para las actuales dificultades. El Ateneo constituye un instrumento de cultura singularmente bien ideado y probado, por lo que la decadencia actual sólo puede atribuirse a una utilización torpe y deficiente, pero por ello mismo remediable. Nada de inadecuación a los tiempos, sino insuficiente lucidez y voluntad sobre lo que es factible.

Desde luego, en ausencia de voluntad y de objetivos claros, de poco sirve disponer de los más refinados instrumentos y medios. Según afirmaba Toynbee, las sociedades perecen cuando no saben reconocer o responder a los retos que la vida les presenta. Esto vale igualmente para la sociedad cultural más brillante, original y productiva que haya nacido en España en los últimos dos siglos.

MARRUECOS,
O EL INVERSO HISTÓRICO DE ESPAÑA

Sobre la formación de la nación y estado marroquíes

Las relaciones con Marruecos son de las más vitales para nuestro país. Son relaciones de por sí problemáticas, y más lo serán cuanto más estrechas, afectando, por añadidura, a gran parte de nuestra política internacional (recuérdense las implicaciones de la OTAN respecto a Ceuta y Melilla, por ejemplo).

Se sobreentiende que problemático no equivale a conflictivo, si bien indica una fuerte propensión al conflicto. El problema consiste, precisamente, en evitar en lo posible que esa propensión se acentúe hasta desembocar en el choque.

En este sentido nada sería más nefasto que contentarnos con el actual desconocimiento de nuestros vecinos del sur, o con la colección de tópicos y prejuicios, de corte agresivo o sentimental, hoy prevalecientes tanto entre la gente común como en la «clase política». Cuanto se refiera a Marruecos o, en general, al norte de África, debiera ser mirado con el mayor interés en España. Mas lo cierto es que apenas se le concede una atención mayor que la puramente inmediata causada por los periódicos roces hispanomarroquíes.

Hay tres razones al menos, y de gran peso, por las que España debe prestar la máxima importancia a Marruecos:

1. Rabat considera que Ceuta y Melilla deben pertenecerle, y en sus aspiraciones, por lo menos especulativas, entran las islas Canarias y buena parte de la Península. La fundamentación histórica y legal de esas aspiraciones, aunque ciertamente débil, no es, con todo, inexistente: si hay un país heredero de al-Ándalus, es, como sostendrá este ensayo, Marruecos y no España.
2. Marruecos, como el total del Magreb, vive una auténtica explosión demográfica: a la hora de la independencia (1956) el país contaba con 8,5 millones de habitantes, y en 2004 llegaba a 29,8 millones. Es tal vez el más llamativo de una variedad de fenómenos sociales (culturales, económicos, religiosos y políticos) que coinciden en hacer muy difícil la estabilidad de la zona.
3. El contacto entre España y Marruecos es el de dos países «de frontera». Uno, país extremo de Europa y lo que para entendernos llamamos cultura occidental; el otro, extremo del mundo árabe e islámico. La vecindad de las dos culturas ha sido siempre espinosísima, y lo seguirá siendo por numerosas razones. Pero de las grandes dificultades surgen en ocasiones los grandes éxitos, y España y Marruecos podrían, quizá, hacer un esfuerzo de entendimiento, beneficioso para los respectivos ámbitos culturales. No estará de más, por estas razones, un mayor conocimiento de nuestros vecinos, conocimiento hoy por hoy muy poco atendido en España

Sirva esta esquemática exposición para enmarcar el tema del presente artículo al que, de otro modo, podría dársele un carácter meramente académico.

El sustrato moro de Marruecos

La población marroquí tiene origen moro o beréber, aunque esto no le da carácter de nación, pues ese sustrato es común a todo el Magreb y a Libia y, como veremos, en Marruecos se transformó de manera importante en el siglo XVI. Los moros constituyen el grueso demográfico magrebí. Pero a ese grueso se han sumado núcleos fenicios, latinos y germanos, y luego masas hispanas, árabes y negras que han influido mucho en la composición étnica de la zona.

La palabra «moro» guarda resonancias hostiles entre los españoles, y despectivas entre los árabes. Aquí la empleamos, obviamente, sin dichas connotaciones, dado que se trata del vocablo latino «mauri», con el que los romanos designaban a los pobladores de las Mauritanias, las cuales coincidían con Argelia y Marruecos. Los moros son, pues, los beréberes o imatsiguen u «hombres libres», como se llaman a sí mismos.

En España «moro» ha llegado a ser sinónimo de árabe, lo que constituye casi un contrasentido: la cultura mora experimenta un retroceso acelerado frente a la árabe, por mucho que ambas compartan la religión islámica. Aunque arabizada mayoritariamente, la base étnica magrebí no deja de ser mora, y quedan núcleos considerables de cultura berberisca en las zonas montañosas del Atlas y el Rif. Continúa hablándose el beréber (lengua no semítica, sin relación con el árabe) y aplicándose el derecho consuetudinario moro en alguna medida. La tensión árabemora ha sido precisamente una de las causas de la inestabilidad tradicional de Marruecos y el Magreb.

Los moros se han mostrado a lo largo de su historia como una población sumamente apegada a sus modos de vida, indomable y un tanto anárquica. Hasta avanzada la Edad Media nunca habían logrado establecer un Estado que agrupase a la mayoría de ellos. Y sus formas culturales, ligadas al nomadismo y la trashumancia, y a una agricultura primaria, excluían los límites fijos entre tribus, lo que originaba continuas rivalidades y contiendas entre ellas.

Todavía hoy permanece la tensión árabemora, dando lugar a ocasionales estallidos de violencia en Argelia y Marruecos.

El fracaso de la latinización de la Tingitana

Del hoy Marruecos, los romanos ocuparon la costa mediterránea y la atlántica del noroeste, así como los llanos de Fez.

En tiempos de Claudio (año 42 d.C.) se creó la Mauritania Tingitana como provincia separada de la Mauritania Cesariense (hoy Argelia). La provincia, cuya capitalidad varió de Tánger a Volubilis, en el interior, ocupaba una zona de aproximadamente un cuarto del actual Marruecos (sin el Sáhara).

La Tingitana vivió en estrecho contacto con la Península Ibérica. El mar de Alborán era cruzado constantemente. Los nómadas norteafricanos acudían a Málaga a aprovisionarse y vender sus mercancías. El estrecho mar servía también de paso para las razias de los moros insumisos de las montañas y para las expediciones de castigo romanas. Las primeras llegaron a adquirir mucha gravedad, hasta el asedio de importantes ciudades del sur de Hispania.

El traslado de la capitalidad de la Tingitana a Volubilis fue el signo de la decisión de latinizar también la Mauritania interior. La provincia romana se encontraba en un dilema: o conseguía expandirse y romanizar las extensas regiones montañosas, o estaba destinada a padecer un hostigamiento permanente. No hubo éxito en el primer empeño y ello hizo imposible una Tingitana como provincia autónoma. Con Otón (año 69) primero y con Diocleciano de manera definitiva (finales del siglo III), la Tingitana pasó a depender de la Península, en la que se integró como Hispania Ulterior Tingitana o Hispania Transfretana. El reino godo de Toledo también se impuso en ese territorio, más contra los bizantinos que contra los moros.

El fracaso de Roma trajo consigo el sacrificio de una gran porción de la ex provincia. La misma capital, Volubilis, fue abandonada a su suerte. La Hispania Ulterior se organizó como limes o franja de protección contra los ataques de los montañeses. Los moros tingitanos estaban, evidentemente, romanizados (Volubilis se mantuvo como ciudad latina un buen período después de su abandono militar, y el cristianismo continuó expandiéndose, no sabemos en qué medida, por los Atlas).

El fracaso de la Tingitana como núcleo de romanización traerá consecuencias trascendentales. En primer lugar, no existirá un germen o precedente latino de la nación marroquí, sino sólo una isla latina en un mar hostil beréber. La supervivencia de esa zona dependía de Hispania tanto como la tranquilidad de Hispania dependía de la resistencia de dicha «isla».

Asimismo se inaugura entre Mauritania Occidental e Hispania una continuidad que se mantendría cerca de quince siglos, como hemos señalado.

Se inaugura también la tendencia histórica de la Península a asegurarse un limes en el norte de África, tendencia renovada con los godos, y luego heredada por el califato de Córdoba, cuando la invasión musulmana transformó casi toda España en al-Ándalus. Tendencia seguida más tímidamente desde el siglo XVI (toma de Melilla y de algunos peñones, de Orán, etcétera), y a finales del siglo XIX (aunque en este último caso la medida se tomaba no menos con respecto a Marruecos que al expansionismo francés).

Finalmente, la superficial e incompleta latinización de la Tingitana en la edad Antigua imposibilitó cualquier proceso similar a la Reconquista española en la edad Media.

Arabización e islamización

Tras unos ciento cincuenta años en que la herencia romana sufrió duros embates en el Magreb, a cargo de los vándalos y de los moros, con un intermedio bizantino, se produjo la conquista árabe, de drásticos efectos, según es sabido.

—La cultura, el idioma y el derecho latino fueron completamente erradicados en muy escaso tiempo.

—La zona de agricultura y arbolado, así como la vida urbana, retrocedieron.

—La región islámica sustituyó por entero a la cristiana y a los cultos indígenas.

El último cambio fue el más trascendental. Desde muy pronto los beréberes islamizados se expandieron en sucesivas guerras santas por el Sáhara, hasta el África negra, y se lanzaron sobre la Península Ibérica. Más importante aún: la religión creó entre los moros y sus invasores árabes un vínculo de unidad espiritual que iba a demostrar su solidez andando los siglos, cuando los cristianos peninsulares se conviertan de amenazados en amenazadores.

Con todo, la vieja tensión latinomora fue sustituida por la árabemora. En el conglomerado de tribus enfrentadas entre sí de Magreb al Aksa (lo que hoy es Marruecos), los árabes intentaron crear un Estado, el cual siguió un destino muy parejo al de la Tingitana. El reino árabe idrisí (hubo algún otro de menor enjundia) instaló su capital en Fez (no lejos de Volubilis), y al igual que antes la Tingitana latina, se vio sometido al acoso de los moros circundantes. Un apoyo clave, sobre todo para la construcción del aparato estatal, vino a los idrisíes desde Córdoba: varios miles de cordobeses, expulsados de la ciudad por los omeyas luego de la sangrienta rebelión del Arrabal, hallaron acomodo en Fez, donde reforzaron decisivamente los cuadros administrativos del precario régimen árabe.

Al intervenir los fatimitas desde Túnez, directamente o apoyando a los moros contra Fez, amenazaron también a Córdoba, y ésta se sintió obligada a intervenir de manera contundente: aceleró la ruina de Fez y se apoderó de una larga franja en el norte de Marruecos y de la actual Argelia (Orán se fundó entonces como plaza fuerte). Hacia finales del siglo X los moros de las tribus Zenata dieron el golpe de gracia al Estado árabe idrisí.

Así la experiencia de la Tingitana romana se reprodujo con sorprendente parecido en los primeros intentos de arabización.

Entre tanto, el empuje de los beréberes hacia el Sáhara iba a refluir sobre el norte en la forma de una secta religiosoguerrera, purista, los almorávides, basada en la tribu Sanjaya. Ella iba a iniciar, desde la segunda mitad del siglo XI, la época de los estados moros, de carácter magrebí y no sólo marroquí, y que incluyen asimismo al-Ándalus, la España musulmana.

Los grandes imperios moros

Los almorávides, partiendo del Sáhara Occidental, cayeron como una tormenta sobre el Magreb y al-Ándalus, conquistándolos en un plazo muy breve, a lo largo del último tercio del siglo XI.

Entre tanto, en la Península Ibérica el califato de Córdoba se desmoronaba, no tanto por los ataques cristianos, pues Córdoba era incomparablemente más poderosa en lo militar y económico, como por sus propias tensiones internas. El proyecto de un al-Ándalus asentado sobre un país en el que la latinización había alcanzado una de las mayores profundidades del Imperio Romano, se derrumbaba por sí mismo. Y caía muy poco después, paradójicamente, de sus más espectaculares victorias sobre los cristianos (las de Almanzor).

El fenecido califato dio lugar a una multiplicidad de pequeños reinos o taifas. Aunque los cristianos eran todavía demasiado débiles para explotar la situación de manera definitiva, las taifas, a su vez, no podían sobrevivir por sí solas. Herederos de la brillante cultura cordobesa —que a su vez continuaba, con otras formas, la eclosión cultural del valle del Guadalquivir desde la época romana—, las taifas estaban demasiado enzarzadas entre ellas, sin que ninguna lograra supremacía. Temían a los norteafricanos casi tanto como a los cristianos, pero finalmente aceptaron la dominación de los primeros como único modo de sostenerse. Los almorávides (como harían luego los almohades y benimerines) invadieron la Península y reunificaron bajo su mando a al-Ándalus… hasta cierto punto, pues siempre se sintieron traicionados por sus protegidos andalusíes.

El imperio almorávide fue aniquilado a mediados del siglo XII por rivales beréberes de las tribus Masmuda, los almohades. A su vez, el fatum de los almohades se selló en España, en las Navas de Tolosa

(1212). A partir de ese momento su Estado se vio más y más impotente contra los benimerines (Banu Marin), moros zenatas originarios de Argelia.

Los benimerines lograron imponerse tras prolongadas guerras, hacia 1270. Su acción en la Península sería empeñada y peligrosa, pero ineficaz. Duraría su poder hasta avanzado el siglo XV, en medio de crisis y anarquía interna crecientes y reducidos finalmente a un territorio semejante al marroquí actual.

Lo que cuenta a efectos de este ensayo es que en el período de los imperios beréberes, si bien el poder político tiene unos rasgos generales moros, la cultura se arabiza, o se andalusiza, más y más. Al establecerse a ambos lados del estrecho una continuidad política añadida a la religiosa y económica preexistentes, la cultura andalusí se difundió libremente por el norte de África, y en especial por Marruecos: así los estilos arquitectónicos y artísticos, los libros y los mismos hombres de letras y ciencia.

Para el conjunto magrebí-andalusí, la época almohade, sobre todo, disfruta de un esplendor cultural sin precedentes y de notable auge económico. Varios factores acabarán con ese período en muchos aspectos dorado. El territorio de al-Ándalus se reduce poco a poco (para el siglo XIII la Reconquista estaba concluida, salvo por el remanente reino de Granada); las tensiones interberéberes en el Magreb impiden una estabilidad suficiente (el imperio almorávide dura unos ochenta años; el almohade, unos ciento veinte). Para colmo, bajo los almohades tuvieron lugar inmigraciones masivas e imparables de tribus árabes nómadas, en especial los jilalíes, empujadas desde el este, deliberadamente, por los fatimitas de Egipto, que deseaban socavar el imperio moro. Los jilalíes, con sus razias e infiltraciones prolongadas por decenios, destruyeron grandes extensiones de suelo agrícola y boscoso, arruinaron regiones enteras y rompieron los equilibrios sociales. De nada valieron las matanzas y deportaciones organizadas por el poder almohade para frenar una progresión tenaz y sin dirección fija.

Encontramos, así, una doble presión arabizante: la procedente de al-Ándalus y la procedente del este; aunque de carácter muy diferente una y otra.

Base étnica y cultural de la nación marroquí

Desde finales del siglo XV se aceleran en Magreb al Aksa, el actual Marruecos, varios fenómenos demográficos y económicos que transforman de manera profunda la población del lugar.

En primer lugar, la Reconquista venía empujando sobre el norte de África oleadas sucesivas de andalusíes étnicamente hispanos (no españoles, desde luego) y de cultura árabe. El proceso culminó con otro éxodo masivo de granadinos. Es muy difícil calcular el número de emigrantes hispanoárabes hasta el siglo XVI, pero debió de ser muy elevado, probablemente de bastantes cientos de miles de personas. Ello suponía una fuerte presión demográfica para una población autóctona seguramente no superior a la del Marruecos de comienzos del siglo XX, unos tres o cuatro millones. Los andalusíes poseían además un nivel cultural y preparación técnica mayores que la media beréber, y se asentaron de preferencia en las ciudades, llanos y región norteña.

Este fenómeno tendrá esencial importancia. Marruecos se define hoy como nación árabe, no mora. Ya hemos visto que la arabización padeció durante siglos la misma frustración en Al Aksa que la latinización en la Tingitana. Para arabizarse de manera eficaz era necesaria una aportación humana y cultural persistente y considerable, y ese aporte llegó sobre todo de al-Ándalus (aparte de la influencia, más bien destructiva, de los jilalíes). Así, la Reconquista contribuyó, de modo indirecto, a crear las bases de la nación marroquí, y al mismo tiempo condenó a la civilización árabeislámica en la Península a sumirse en el dominio de la arqueología, tal como la invasión árabe había hecho con la cultura cristiano-latina en el Magreb y había estado a punto de hacerlo en España.

En el siglo XVI se produce en Marruecos otra entrada masiva de población: la proveniente del tráfico de esclavos desde África negra. Ese tráfico originó una intensa mezcla demográfica, principalmente en la mitad sur de Marruecos.

Así, fue entre finales del siglo XV y a lo largo del XVI cuando se formó la composición étnica marroquí. No se trató, como hasta entonces, de una asimilación de pequeños núcleos extraños por la masa beréber, sino de algo muy diferente. La arabización se consolidó en algunas regiones menores, pero esenciales (las más llanas y urbanizadas). En ellas se asienta el ideal y el designio de un Estado marroquí árabe que irá tomando forma penosamente.

Base política de Marruecos

Durante el siglo XV Portugal había ido ocupando los mejores puertos magrebíes del litoral atlántico. A partir de ellos utilizaba contingentes de tropas indígenas y proyectaba una cruzada hacia el interior del país. Pero pronto se vio que el empeño carecía de futuro. Portugal se iba interesando sobre todo en su brillante imperio ultramarino y, frente a una resistencia mora muy cerrada, terminó por limitarse a las ciudades costeras capturadas, en calidad de puntos de escala.

Los ataques portugueses levantaron reacciones populares islámicas, mientras los gobernantes moros, benimerines primero y uatasidas después, fracasaban ante los portugueses y las revueltas internas. Se creó una situación caótica, prolongada hasta mediados del siglo XVI.

España, por su parte, pareció resuelta a proseguir por África su lucha contra el Islam. En 1497, por un audaz golpe de mano, se apoderó de Melilla. No obstante, la acción de España en el norte de África sería pronto frenada y desviada por mil otras empresas y dificultades que la ocupaban por casi todo el mundo.

Un segundo enemigo para el Magreb al Aksa en el siglo XVI fueron los turcos, que presionaban desde Argelia. Los saadíes, sucesores del poder uatasida al que habían derrocado, consiguiendo también éxitos notables en sus «guerras santas» contra los portugueses, no dudaron en aliarse con los españoles contra los turcos. Ello fue factible porque España ya había renunciado entonces (segunda mitad del siglo XVI) a sus proyectos de cruzada en África. Los pactos con los cristianos provocaron el descontento de los marabutos o santones, líderes políticoreligiosos populares, muy influyentes.

Ese doble proceso de lucha anticristiana y antiturca fijó los límites norte y este de Marruecos, que han permanecido aproximadamente hasta hoy día. Hacia el sur, en cambio, la política saadí no fue defensiva, sino de extrema agresividad, expandiéndose hasta el Níger y fomentando el mayor tráfico de esclavos hasta entonces en el Magreb.

Pero lo esencial de esta época es que en ella puede considerarse fundado el Estado y la nación marroquí, tras la etapa previa de transformaciones en la composición demográfica, acompañadas de revueltas y anarquía. Los saadíes se consideraban yerifes, es decir, supuestos descendientes de Mahoma, reflejando en algo la voluntad arabizante de un sector de los moros, pese a lo cual la tensión árabemora distó mucho de relajarse: la dinastía saadí, a despecho de sus trascendentales victorias en el sur (Gan, Tombuctú, etcétera) y contra los portugueses (arruinando, en Alcazarquivir, las últimas veleidades de cruzada del rey Sebastián) se vio obligada a reconocer, melancólicamente, la insumisión de los territorios más propiamente moros. Marruecos fue dividido, a efectos administrativos, en dos zonas: el majsén y el siba. Los bled majsén eran aquellas regiones controladas por el poder central, mientras en las segundas lo único que conseguía el Gobierno era que se rezaran las oraciones en nombre del sultán, pero sin más consecuencias prácticas. Los intentos de cobrar impuestos o aplicar leyes eran rechazados a tiros en los bled es siba con las consiguientes hostilidades. Los límites entre las zonas siba y las majsén (las más arabizadas) variaban con frecuencia, dependiendo del poder efectivo del sultán y del de las tribus moras. La mayor extensión solía pertenecer al siba.

Lo esencial de estas regulaciones se debe a Ahmed IV al Mansur, vencedor de los portugueses y de los pueblos saharianos, y creador del sistema administrativo y militar, del Estado en suma, que se mantendría en Marruecos hasta comienzos del siglo XX. Todo su genio militar y organizador no bastó, como hemos dicho, para asegurar más que una precaria unidad interna de Marruecos. Pero fue suficiente, y Ahmed IV merece ser considerado el fundador no sólo del Estado marroquí sino también de la nación marroquí, al dar forma y culminación a los procesos culturales y demográficos anteriores.

Concepto histórico de Marruecos y de España

Los hechos y datos en que se apoya este trabajo son generales y accesibles en cualquier historia de Marruecos, por lo que no me ha parecido preciso incluir notas. La sustancia del ensayo es la interpretación de los datos. Las tesis aquí defendidas desde una visión histórica global, aunque susceptibles de mucha matización, son las siguientes:

—En el aspecto cultural, España es una creación de Roma, y el primer Estado español es el formado por los godos Leovigildo y Recaredo, en el siglo VI, en tanto que no puede hablarse de Marruecos como estado o nación hasta entrado el siglo XVI.

—Al contrario que en España, la latinización en Marruecos constituyó un episodio intrascendente y anonadado por el triunfante islamismo.

—A la inversa, la negación o rechazo del islamismo y el arabismo en España fue realizable por la profunda romanización previa. Esto no impide que en cada país queden restos de las culturas rechazadas, pero muy secundarios e integrados en las tradiciones dominantes.

—La negación de la cultura islamoárabe y la relatinización, crearon o re-crearon a España, tal como la negación de la cultura cristiano-latina formó a Marruecos, cada una en la época correspondiente.

—La base islámica de Marruecos no ha disuelto la tensión entre el elemento árabe y el beréber. Esa tensión ha condicionado decisivamente la historia marroquí hasta prácticamente nuestros días. Sólo tras la independencia de Francia y aprovechando el aparato administrativo heredado de la colonia, parece resuelto definitivamente el problema, en favor del elemento árabe.

—En la arabización de Marruecos, uno de los factores determinantes, y probablemente el crucial históricamente, fue el aflujo cultural y humano de al-Ándalus. Por tanto es Marruecos, y de ningún modo España, el heredero de al-Ándalus —aunque no sólo de al-Ándalus—. Lo árabe en Marruecos ha sido el factor conscientemente promotor del Estado y la nacionalidad, y ese factor llegó en grado muy importante de la Península. La Reconquista fue la lucha entre España y al-Ándalus. La derrota de la última contribuyó, en muy alto grado, a crear Marruecos.

Alternancias históricas en las relaciones magrebí-peninsulares

En suma y muy en grandes líneas, la historia conocida de las relaciones entre la Península Ibérica y el noroeste africano siguen cuatro grandes ciclos:

1. Creación de un continuum económico en torno al mar de Alborán[37] ya en época fenicia, que se consolida cultural y políticamente bajo Roma.

2. Período de las invasiones de sur a norte, coincidente grosso modo con la Edad Media. Se sucedieron cuatro grandes invasiones de la Península, la primera de las cuales logró la ocupación casi completa de ella, imponiéndole un brusco giro histórico que pudo haber sido definitivo. Durante este período, en ambas riberas del mar

37. Por mar o brazo de Alborán entendemos aquí el trozo de mar entre el estrecho de Gibraltar y la línea de Orán-Cartagena, y que forma, tanto desde el punto de vista geográfico como históricocultural, un sector especial del Mediterráneo.

de Alborán persiste la continuidad cultural y hasta cierto punto política, si bien con impronta islámica y no latina.

3. Concluida la Reconquista, sucede una corta fase de intentos portugueses y españoles por invadir el Magreb. Pronto fracasado el designio, el período global que se extiende hasta finales del siglo XIX es de indiferencia y hostilidad entre las dos riberas. Las querellas abundan, pero sin grandes repercusiones. Queda rota casi por completo la continuidad económico-cultural-política asentada desde Roma.

4. Un último ciclo se inicia con la colonización del Magreb por Francia, a finales del siglo XIX, la cual da pie a que España, a su turno, se apodere de trozos de Marruecos, sobre todo de su franja norte. Este episodio es breve, desde un enfoque histórico (unos cuarenta y cuatro años), y va seguido por la independencia de Marruecos y demás países magrebíes. Tras la independencia, Marruecos llega a ser por primera vez un país plenamente unificado, y manifiesta un empuje expansivo que le ha llevado a ocupar el antiguo Sáhara español y a mantener guerras y escaramuzas con todos sus vecinos.

Puede señalarse una diferencia interesante entre las invasiones desde la Península al Magreb y las inversas. Las procedentes de África han sido tradicionalmente más vastas y audaces en sus propósitos, pues trataban de apoderarse, en lo posible, de la Península entera. Por el contrario, los ataques desde el norte tuvieron un objetivo limitado: asegurarse una franja de dominio y seguridad a lo largo de la costa norte de Marruecos.

También notamos que la continuidad hispano-magrebí establecida por Roma, y que duró unos quince siglos, se rompió desde hace cinco. En nuestra época los intercambios económicos crecen, y también las relaciones políticas y culturales, pero la antigua continuidad es apenas pensable e implicaría una catástrofe para España, ya que su realización sobre una base política y cultural española resulta impensable.

Probablemente nos encontramos en el umbral de un nuevo ciclo, condicionado por la fuerza creciente, demográfica e incluso económica, de Marruecos, sus relaciones con Francia, sus aspiraciones expansivas, el renacer del integrismo musulmán, la emigración masiva a la Península y a Ceuta y Melilla, etcétera. El islam, por su esencial carácter religioso-político, no renuncia al expansionismo, si es voluntad de Alá, y en nuestros días toma con frecuencia un carácter agresivo: oleadas de intolerancia y ataques a los cristianos en numerosos países de Asia y África, invocación frecuente de la «guerra santa», etcétera. Las perspectivas a medio y largo plazo en relación con nuestro vecino del sur son cualquier cosa menos cómodas, pero abordar una política sin histerias ni falsas expectativas exige partir de una clara conciencia del carácter y la posición de uno y otro país, ambos de frontera cultural y política, condicionados por la historia y la cultura.

UN NUEVO MATERIALISMO HISTÓRICO

La muerte, en 1992, del pensador austrobritánico Friedrich Hayek apenas dio pie a comentarios en España, como si se tratara de un autor de segunda fila. Ello obedece, sin duda, a una mezcla de ignorancia y de aversión hacia un pensamiento profundamente contrario a las corrientes prevalecientes en nuestro país desde los años sesenta. Hasta hace bastante poco, el grueso de la intelectualidad española, y desde luego la que más «pitaba» era, o mejor, se consideraba, marxista, marxófila o, en el peor de los casos, muy respetuosa con el socialismo, tanto el teórico como el real (hubo hasta un movimiento de «cristianos por el socialismo»). Hacia finales de los setenta las modas y no la reflexión —que sigue brillando por su ausencia— tiñeron de anarquismo aquellas convicciones comunistófilas; incluso se elogiaba el rasgo castizo de la veta ácrata. La desconcertante evolución internacional terminó por fundirlo todo en un magma de opiniones difusas y sin pretensiones de coherencia aunque, eso sí, siempre muy progresistas. Finalmente, el completo desastre de la URSS dejó a esos intelectuales atónitos, balbucientes e irritados. En su mayoría hacen como que se desentienden del problema, y algunos intentan febles contragolpes al liberalismo, si bien con armas ya melladas.

Toda esa intelectualidad puede, legítimamente, sentirse herida por los certeros dardos de Hayek, aunque sea menos legítima su respuesta hosca, solapada y cobardona. El título completo de la obra aquí comentada es *La fatal arrogancia. Los errores del socialismo* (Unión Editorial, Madrid 1990, 256 páginas). El concepto de socialismo tiene en él gran amplitud, acogiendo no sólo a quienes se adhieren explícitamente a tal doctrina, sino también los en Usa llamados «liberales», correspondientes a nuestros «progresistas»; o figuras como Rousseau, Stuart Mill, Bertrand Russell o Keynes. El pensamiento socialista está, según Hayek, afectado de una peculiar vanidad o arrogancia de la razón, que no percibe sus límites y aspira a planificar la sociedad, desde la economía a la ética o el mismo lenguaje, de acuerdo con presupuestos tenidos por racionales. Ello está muy ligado con el historicismo, criticado por Popper. La manifestación histórica más conocida de esa vanidad fatal ha sido el intento de someter a planificación la economía de países enteros: bajo su apariencia razonable y justiciera, esos planes han resultado inconcebiblemente costosos en recursos y vidas humanas.

Ya antes de llevarse a cabo muchos de tales experimentos, su imposibilidad teórica había sido aclarada por el mismo Hayek y por Von Mises. Pero la aclaración no fue tomada en cuenta, y esta ceguera del espíritu condujo a una de las mayores catástrofes de la historia. Las causas del inmenso fracaso siguen siendo, no obstante, perfectamente ininteligibles para los irritados y atónitos intelectuales marxistas o marxistófilos que han tenido ocasión de asistir al histórico derrumbamiento.

Esta sorda irritación crece ante la dificultad, por decir poco, de plantear una crítica seria al liberalismo desde posiciones socialistas. Mucho se ha hablado de renovar el pensamiento de izquierda, pero hasta la fecha no se ha logrado. Apenas sí se oyen por aquí vaguedades como que Hayek no entiende la vida real, o que no se preocupa de los pobres. (¡Como si los pobres no hubieran sufrido bastante a manos de quienes, con tanta gratuidad como desprecio implícito, se han proclamado sus valedores y representantes!) En cambio nadie negará que la crítica del austrobritánico al socialismo, el real y el ideal, es sagaz y digna de la más atenta meditación.

Dentro de su estudio, Hayek se detiene poco en la variante marxista. Sin duda la consideraba ya en vías de extinción a la altura en que fue publicado *La fatal arrogancia* (1988): «Las únicas religiones que han sobrevivido han sido aquellas que defienden (la propiedad y la familia). Tal es la razón de que parezca tan poco prometedor el futuro del comunismo, contrario como es tanto a la propiedad como a la familia (y no menos a la religión). Creo [...] que el comunismo es también una religión que tiene sus días contados». En esta perspectiva, puede resultar más útil la crítica a Stuart Mill que a Marx.

Sin embargo, esta reseña se centrará precisamente en ciertas similitudes de nuestro autor con Marx en cuanto a la concepción de la historia, aun si de principios muy semejantes extraen conclusiones opuestas.

La teoría de Marx sobre la historia, el «materialismo», también podría llamarse «economicismo» (y aquí importan poco las polémicas intramarxistas, en general vacuas, donde el término «economicista» servía de arma arrojadiza). El materialismo histórico, explica Engels, «ve en el desarrollo económico de la sociedad la causa final y la fuerza propulsora decisiva de todos los acontecimientos históricos importantes» (prólogo a la edición inglesa de *Del socialismo utópico al socialismo científico*). Por «causa final» puede entenderse fundamental o última, aunque también puede ser interpretada como finalismo, comúnmente desechado por la ciencia.

Hayek también encuentra en la economía el motor y, en definitiva, la finalidad de la historia. Para él, ésta se resume en un proceso de expansión y complejización del comercio, el mercado y la propiedad privada. Engels podría tachar esa visión de primitiva, pero no la hallaría básicamente descaminada.

Tanto mayor acuerdo habría entre ellos cuanto que ambos, y Marx, consideran que los ordenamientos jurídicos, las normas éticas o la religión, así como las ideas y prácticas de justicia, libertad, etcétera, encuentran su sentido real (o por lo menos el sentido científicamente atendible) en la propiedad. Sin ésta carecería de significado hablar de aquellas normas e ideas (véase, en particular, el capítulo dedicado a Los orígenes de la libertad, la propiedad y la justicia). Hayek, considerando estrechos y contaminados de ideología socialista los conceptos de propiedad privada, capitalismo o incluso economía, propone términos sustitutorios: propiedad plural, orden extenso, cataláctica. Los cambios de denominación propuestos no son arbitrarios, pero hasta ahora han tenido poca fortuna.

También coincidirían los tres pensadores en el supuesto de que las relaciones e ideas sociales se han desarrollado históricamente en la inconsciencia o ignorancia del fundamento económico que las sostenía y les daba sentido. Los antiguos mitos y teorías explicativos del mundo y la sociedad reflejarían, aunque de manera fantástica y falseada, el proceso económico, favoreciéndolo o contrariándolo. Como cita Hayek, aprobatoriamente, de James Frazer:

> La superstición prestó un gran servicio a la humanidad. Proporcionó a la gente un motivo —un mal motivo, es cierto— para la buena acción; y seguramente es mejor para el mundo que los hombres se comporten correctamente aunque obedezcan a falsas motivaciones que, por el contrario, adopten un mal comportamiento inspirado por las mejores intenciones.

La «buena acción» no es otra que el mantenimiento de la propiedad privada y la expansión del comercio.

Esta ignorancia tradicional acerca del sentido profundo de los actos e historia humanos habría acabado, como es natural, cuando Marx o, más tarde, Hayek, descubrieron la verdad. Sin embargo, debemos señalar, llegados aquí, al menos tres diferencias importantes entre ambos.

En primer lugar, la economía no es para el pensador liberal algo tan «material», por lo menos en el sentido de «físico» como, quizá sin pensarlo mucho, creía Marx. Para el primero es principalmente asunto de algo tan inasible y en cierto modo espiritual como la información. Es el flujo espontáneo (e implanificable por imprevisible para una autoridad central) de información el que da forma al mercado y permite la asignación de recursos más eficiente posible, con el consiguiente aumento de la riqueza.

En segundo lugar, la tradicional ignorancia de los hombres sobre el auténtico carácter de sus propias ideas e instituciones se debía, según Marx, a la insuficiencia del desarrollo económico y a los «intereses de clase»; en Hayek, por el contrario, proviene del carácter inconsciente y espontáneo de la actividad económica, y de la imposibilidad de prever las consecuencias económicas de determinadas normas morales y tradiciones. Éstas constituyen una opción evolutiva cuyo acierto sólo resulta apreciable a través de generaciones. La historia seleccionaría las normas evolutivas más aptas, cuya validez se expresa en la riqueza y aumento de población a que van ligadas. Lo señalado sobre el papel de la religión es ilustrativo.

Finalmente, sobre su presunto descubrimiento, los dos autores elevan esquemas históricos muy diversos, prácticamente opuestos. En Marx, la necesidad económica forzaba a los hombres a establecer determinadas relaciones sociales que constituían «modos de producción». Éstos permitían el funcionamiento económico, el cual, llegado un momento, entraba en conflicto con las necesidades materiales, con el desarrollo de las «fuerzas productivas». Este conflicto o «contradicción», al agravarse, daba lugar a un período revolucionario, en el cual el «modo de producción» antiguo era sustituido por otro superior, más acorde con las necesidades productivas. Así distinguió los modos o fases históricas del esclavismo, el feudalismo y el capitalismo (y el «modo asiático»). Tal esquema hizo creer a su autor que podía prever también la evolución futura de la sociedad: el socialismo y el comunismo. Por una ironía histórica, el trágico experimento comunista ha sido apuntillado precisamente por la economía, por su completo fracaso en el terreno donde supuestamente estaba su lado fuerte. Ahora bien, es fácil percibir también la fascinación de una teoría capaz de explicar con tal aparente coherencia la marcha de la historia.

Para Hayek, todo ese esquema es pura fantasía. El verdadero hilo explicativo vendría a ser la evolución de la propiedad y del mercado, que asegura el cumplimiento del mandato bíblico «Multiplicaos y llenad la tierra». Esta tesis, claramente demostrada según aquél, no permite ni aspira a definir ningún futuro histórico preciso. Sí permite, en cambio, discernir los principios y tradiciones que la evolución social —análoga en muchos aspectos a la biológica— ha confirmado como más adecuados; y aseverar que la pretensión de sustituir tales normas morales y tradiciones por principios extraídos sólo de la razón, lleva por fuerza al desastre. El proceso económico-social es un proceso de autoorganización análogo a otros procesos biológicos, y por su complejidad y constante capacidad de innovación desborda las posibilidades calculadoras de la razón. Puede distinguirse algo así como una dinámica del proceso, el cual puede ser ayudado u obstaculizado, pero no planeado.

Se ha hecho al pensador austrobritánico la crítica de que su teoría justificaría cualquier tradición o institución, aunque fuera opresiva, como resultado evolutivo. El profesor Huerta de Soto, en su interesante prólogo al libro, responde: «El evolucionismo de Hayek no implica que cualquier tradición, por ser resultado del proceso evolutivo, sea justificable en una perspectiva ética». Esto entrañaría una especie de autonomía o prioridad de los valores éticos. Pero no se aprecia mucho de ello en Hayek. Como resume éste, citándolo del biólogo Hardin (p. 46): «la ética no es otra cosa que el estudio de los procesos de asignación de recursos». Y la evolución misma, sin necesidad especial de ética, se define por su avance o tendencia «hacia la mas adecuada utilización de los recursos» (citado de J. H. Howard, misma página). La ética, así, no pasa de ser una especie de adivinanza sobre el futuro, que el desarrollo económico confirmará o refutará. O, de otro modo, la ética correcta no sería sino otra formulación de las exigencias del mercado. Más que dependencia, aquí encontramos una identificación, y cabe sospechar, un pensamiento cerrado. El marxismo tenía un método automático —o autista— para rechazar las críticas: éstas se reducían, en definitiva, a expresiones, conscientes o inconscientes, de los intereses de la clase explotadora. Por tanto, carecían de valor (y, por cierto, el espectáculo de las diversas corrientes marxistas acusándose ferozmente entre ellas de «servidoras de la burguesía» también entraña una justicia irónica). En Hayek, las valoraciones éticas se vuelven imposibles, al identificarse con el éxito o fracaso económico. Lo que habitualmente se entiende por ética se vuelve así superfluo, y la crítica, inútil, máxime teniendo en cuenta la imposibilidad de predecir el futuro (económico).

Los comportamientos políticos originados por el materialismo histórico, es decir, la subversión generalizada y sin escrúpulos, han nublado un tanto el efecto de horror, además del de fascinación, provocado por la propia concepción materialista. Aquella explicación de la historia, por su reducción de la ética a un epifenómeno, chocaba con las teorías hasta entonces normales, tachadas de «idealistas», y producía un gran desasosiego espiritual, no sólo en los enemigos del marxismo. Ese desasosiego lo producen todas las ideas sobre el destino humano que pretenden basarse en la ciencia. Podría, claro, tratarse de un malestar falto de motivo real, o pasajero, causado por falta de habituación a los nuevos modos de pensar, pero quizá no sea así.

Freud, como tantos otros, vaticinó la derrota de la religión, por estar constituida de ideas ilusorias, bajo los golpes de la ciencia. Su punto de vista tiene particular interés por tratarse de un psicólogo. Si se admite, como él hace, que las ideas religiosas vienen a ser un medio de calmar la angustia natural del hombre ante la vida y el mundo, está claro que esas ideas son un producto de la evolución, sólo substituible, salvo retroceso, por algún medio mejor, la ciencia, por ejemplo. Ahora bien, como señala Freud en *El porvenir de una ilusión, la ciencia*: «nuestro dios Aogos, no es muy poderoso» en su capacidad calmante. Y, a decir verdad, se queda muy corto. Con mayor consecuencia expone Jacques Monod cómo la ciencia no es que apacigüe poco, sino que «exacerba la angustia innata», y más si queremos aplicar las interpretaciones biológicas, al parecer más fundadas, las cuales, excluyendo todo finalismo y reduciendo al hombre al resultado de infinitos cambios genéticos al azar, eliminan cualquier posibilidad de sentido a la vida.

> Pero entonces ¿quién define el crimen? ¿Quién el bien y el mal? El hombre sabe ahora que los valores son sólo suyos y, al ser en fin el dueño, le parece que se disuelven en el vacío indiferente del universo. Es entonces cuando el hombre moderno se vuelve contra la ciencia, calibrando su poder de destrucción, no sólo de los cuerpos, sino de la misma alma [*El azar y la necesidad*].

Monod, cientista hasta el final, trataba de alumbrar una ética basada en la ciencia. Inútil decir que fracasó en el empeño, acaso porque los problemas abordados por la ciencia y los planteados por la «angustia innata» no coinciden.

Hayek ha comprobado el fracaso de los intentos de fundamentar racional o científicamente la ética, pero su conclusión resulta peor en un sentido: sustituye o identifica ética y economía. La angustia fundamental desaparecería, podría explicarse, si acaso, como fruto de un miedo irracional promovido por preguntas sin sentido, quedando sólo el proceso autoorganizador de la vida, que «no tiene otro objetivo que la vida».

Por supuesto, se puede negar la existencia real de una «angustia innata» y declararla, junto con sus resultados, producto de los intereses de las clases opresoras, como hacía Marx, o simplemente absurda. Claro que Marx nunca pudo explicar cómo ideas tan falsas y basadas en un sentimiento irreal han tenido tan inmenso influjo en la historia, cómo es posible que las víctimas de los explotadores no se dieran cuenta enseguida de la superchería. O que las catedrales góticas tuvieran como único fin inteligible fomentar la superstición, aunque al servicio de la «buena acción» económica.

Obsérvese esta semejanza entre Hayek y Marx. El primero, como agnóstico, se cuida mucho de tomar posiciones drásticas, y expresa respeto por las creencias religiosas, debido a su utilidad económica. No por eso saldría mejor librado del látigo de Engels: «el agnosticismo es sólo un materialismo vergonzante».

Desde el punto de vista de la historia, estas cuestiones, aun si probablemente insolubles, tienen enorme importancia. No se puede negar que las culturas, con su arte, pensamiento, derecho, ideas y conductas políticas, etc, se han desarrollado en estrecha relación con las creencias religiosas y las normas de ellas derivadas. La historiografía moderna ha tendido a considerar la religión como un elemento aislado o derivado de los factores «reales», materiales en un sentido más o menos estrecho. ¿No constituirá ello una mutilación conducente, por una vía u otra, a un círculo vicioso?

Cuando la primera Guerra del Golfo, un historiador materialista, y gracioso a su pesar, aseguraba en *El País*, explicando las relaciones históricas islamo-occidentales, que la Reconquista obedeció al interés de los pastores del norte de la península por recuperar los terrenos de trashumancia (habiendo tardado siglos en recuperarlos, ¿no se les habrían muerto las ovejas?).

Al final, todos seríamos pastores en busca de pasto para las ovejas, y disfrazaríamos, sin saber muy bien por qué, tan trivial y razonable aspiración con discursos fantásticos y pretenciosos. En consecuencia, el único objetivo del aludido historiador sería ganarse unas pesetillas, que nunca sobran, con su artículo, siendo indiferente en el fondo si lo que escribía se aproximaba o no a la verdad. Al final, ¿qué es la verdad sino una fantasía con resabios religiosos? Sabiendo esto, por unas pesetas más podría escribir todo lo contrario, y tan campante: esa mayor paga será la garantía de su acierto. Lo único científicamente observable y significativo, en definitiva, serían esas pesetillas, el pasto de las ovejas, que mueve a la humanidad para conseguir más ovejas y más pastos, y así sucesivamente.

El 26 de octubre de 2009 se terminó
de imprimir este libro en los
talleres de Novagráfik
de la ciudad de
Barcelona
Ω